Ernesto Nazareth

ANTOLOGIA

49 obras para piano

Nº Cat.: IVAN-2087

Irmãos Vitale S.A. Indústria e Comércio
www.vitale.com.br
Rua França Pinto, 42   Vila Mariana   São Paulo   SP
CEP: 04016-000 Tel.: 11 5081-9499 Fax: 11 5574-7388

© Copyright 2014 by Irmãos Vitale S.A. Ind. e Com. - São Paulo - Brasil
Todos os direitos autorais reservados para todos os países. *All rights reserved.*

CAPA E DIAGRAMAÇÃO
Eduardo Wahrhaftig

PROJETO GRÁFICO
Maurício Biscaia

COORDENAÇÃO EDITORIAL
Roberto Votta

PRODUÇÃO EXECUTIVA
Fernando Vitale

CIP-BRASIL. CATALOGAÇÃO NA FONTE
SINDICATO NACIONAL DOS EDITORES DE LIVROS - RJ.

N247a

   Nazareth, Ernesto, 1863-1934
    Antologia / Ernesto Nazareth. - 1. ed. - São Paulo : Irmãos Vitale, 2014.
   176 p. : il. ; 31 cm.

   Inclui índice
   Prefácio, Introdução, Biografia
   ISBN 978-85-7407-429-0

   1. Nazareth, Ernesto, 1863-1934. 2. Música. 2. Música para piano. I. Título.

14-15157   CDD: 786.2
                                                                                                         CDU: 78.089.7

20/08/2014   25/08/2014

ÍNDICE

AMENO RESSEDÁ........... 8	JANGADEIRO.................. 96
ARRUFOS....................... 11	LABIRINTO...................... 98
ATREVIDO....................... 14	MANDIGA....................... 101
BAMBINO........................ 17	MATUTO.......................... 103
BATUQUE........................ 20	MYOSOTIS...................... 106
BEIJA-FLÔR..................... 27	NENÊ............................... 110
CARIOCA........................ 30	NÃO CAIO N'OUTRA!!!.. 114
CONFIDÊNCIAS.............. 33	NÃO ME FUJAS ASSIM... 117
CORRECTA..................... 37	9 DE JULHO..................... 121
CRUZ, PERIGO!!.............. 40	PIERROT.......................... 124
CRÊ E ESPERA................. 44	RAMIRINHO..................... 127
CUTUBA.......................... 46	RANZINZA...................... 133
DIGO................................ 50	REBOLIÇO...................... 136
DUVIDOSO...................... 55	SAGAZ............................. 140
ENCANTADA.................. 58	SARAMBEQUE................. 143
ESPALHAFATOSO............ 62	SEGREDO........................ 146
ESTÁ CHUMBADO.......... 65	SUSTENTA A... NOTA..... 149
FON-FON!........................ 69	TALISMAN....................... 152
GARÔTO.......................... 72	TENEBROSO.................... 155
GENIAL............................ 75	TRAVÊSSO....................... 159
GUERREIRO.................... 78	TUPINAMBÁ.................... 162
HELENA........................... 81	VESPER........................... 165
HENRIETTE...................... 85	VOCÊ BEM SABE!............ 169
IMPROVISO..................... 89	ZÊNITE............................. 172
INSUPERÁVEL................. 93	

Ernesto Nazareth, neste centenário do choro, alcança um realce maior na singularidade de sua música espantosamente vibrante e, ao mesmo tempo, melancolicamente transcrita em acordes saudosos. É tarefa quase impossível situá-lo em nossa música. Não é um erudito total, nem sequer um compositor popular ou regional. Por vezes, descobrimos em suas obras o toque inspirado de um Chopin: suas valsas são por demais chopinianas. Noutras vezes, vibramos com as notas saltitantes e empolgadas de espírito brasileiro de um chorinho ou de uma polca.

Ele é um caso raro de ligação entre o clássico e o popular. Sobre Ernesto Nazareth e sua obra, Heitor Villa-Lobos disse: "Suas tendências eram francamente para a composição romântica, pois Nazareth era um fervoroso entusiasta de Chopin. Querendo compor à maneira do mestre polonês, e não possuindo a capacidade necessária para uma perfeita assimilação técnica, fez, sem o querer, coisa bem diferente e que nada mais é do que o incontestável padrão rítmico da música social brasileira. De qualquer maneira, Nazareth é uma das mais notáveis figuras da nossa música".

A 20 de março de 1863, no morro do Nheco, região portuária do Rio de Janeiro, nascia Ernesto Nazareth. Vasco Lourenço da Silva Nazareth e Carolina Augusta da Cunha Nazareth, seus pais, viviam vida pobre. Aos dez anos de Ernesto, sua mãe faleceu. Aos 14 anos, conseguiu orientações musicais de Eduardo Madeira, funcionário do Banco do Brasil, passando logo a compor. Frequentou o Colégio Belmonte e teve por colega o poeta Olavo Bilac. Ao ouvir a primeira composição de Ernesto, Eduardo Madeira ficou encantado e o apresentou ao editor de músicas Arthur Napoleão, que logo a editou e divulgou. Era a polca "Você bem sabe". Aos 23 anos de idade, em 14 de julho de 1886, casou-se com Theodora Amália Leal de Meirelles. Compunha, lecionava e vivia do piano. Os exemplares de suas músicas eram vendidos aos milhares, porém, não havia proteção aos direitos autorais e ele foi obrigado a procurar novas ocupações. Os amigos pediram e ele se apresentou no Clube de São Cristóvão Imperial, em um concerto que marcou época.

Foi apreciado pelo pianista russo Miercio Orsowspk e pelo pianista americano Schelling, este último levou suas composições e as exibiu nos Estados Unidos e na Europa. Foi apreciado ainda por figuras de grande influência nos meios artísticos e políticos de nossa terra, entre elas a pianista Antonieta Rudge Miller, que muito o ajudou.

Inaugurou o cinema Odeon, na Cinelândia (RJ), onde se tornou o pianista efetivo. O povo ia ao cinema para ouvir Ernesto Nazareth. Viveu um período de rara felicidade naquela época. Em 1918 sua filhinha Maria de Lourdes contraiu gripe espanhola e não resistiu. Ernesto não pôde mais trabalhar, tão profundo foi o golpe. O desânimo tomou conta do compositor e sua sensibilidade tão elevada ficou totalmente abatida. Alguns amigos fizeram com que ele viajasse a São Paulo na tentativa de que esquecesse um pouco aquela infelicidade. Era a primeira vez que saía do Rio de Janeiro. Foi muito bem recebido na cidade paulista, onde deu concertos no Theatro Municipal e no Conservatório. De São Paulo foi a Campinas, onde se apresentou em duas audições. Francisco Acquarone cita que Ernesto, voltando a São Paulo, recebeu dos paulistas a oferta de um magnífico piano de cauda, em que se lia em um cartão prata: "Ao ilustre compositor Ernesto Nazareth, seus admiradores de São Paulo. Julho de 1926". De volta ao Rio, um novo golpe: a morte de sua querida esposa.

Viveu os últimos anos de vida com seus filhos e seu pai. A tragédia não o deixou em paz, pondo-o quase que totalmente surdo. Realizou, em 1932, uma viagem ao Sul, onde obteve muito sucesso. Na volta, com suas faculdades mentais completamente afetadas, foi internado na Colônia de Alienados de Jacarepaguá. Permaneceu no local até a madrugada de 1º de fevereiro de 1934, quando desapareceu. Depois de muitas buscas, seu corpo foi encontrado no dia 4 em uma cachoeira. A posição em que foi encontrado impressionou: estava sentado, com a água correndo por cima e as mãos estendidas, como se estivesse tocando algum chorinho novo, o qual nunca mais ouviremos...

A música de Ernesto Nazareth é o símbolo da alegria. Seu ritmo é contagiante e o padrão de suas composições atinge quase a perfeição.

Juvenal Fernandes

Não se pode chamar de choro os tangos brasileiros de Ernesto Nazareth. Ele não usou esse nome de maneira generalizada às suas músicas pianísticas. De acordo com o professor Baptista Siqueira, Ernesto Nazareth fazia questão de frisar que o tipo de música que adotava era o tango brasileiro, o qual se diferencia do estrangeiro por ser, precisamente, música pura. Demonstrou saber perfeitamente o que era choro na composição "Apanhei-te cavaquinho", e o que era samba em "Arrojado". Seguia o mesmo tirocínio de Chiquinha Gonzaga, Calado, Alexandre Levy, entre outros.

O subtítulo "tango brasileiro" não pode ser substituído por "choro", por uma razão muito simples: os choros são muito mais rápidos do que os tangos brasileiros. Choro não era forma musical, mas o grupo que o executava. Os "chorões" (participantes do choro) quando executavam as músicas dançantes faziam em andamentos vivos. Logo, a palavra "choro" sugere um movimento rápido, o que Ernesto Nazareth sempre repeliu. Diz ainda o professor Siqueira que quando Ernesto gravou tangos e choros, marcou as indicações metronômicas da seguinte maneira: 1. Tangos brasileiros: M.M. semínima igual a 80 batidas. 2. Choros: M.M. semínima igual a 100 batidas.

Há, pois, uma relativa diferença de 20 batidas.

Ao glorioso Rancho Carnavalesco do mesmo nome

AMENO RESEDÁ
POLKA

N.B. o acompanhamento deve imitar CAVAQUINHO

Ernesto Nazareth
1912

© Copyright Domínio Público.

A Joaquim Antonio da Silva Callado

ARRUFOS
SCHOTTISCH

Ernesto Nazareth
1900

© Copyright Domínio Público.

Ao seu amigo Dr. Jorge Fogoso

ATREVIDO
TANGO

Revisão, dedilhado e pedalização do maestro Gaó

Ernesto Nazareth
1913

A) Todas as notas entre parênteses poderão ser omitidas a fim de facilitar a execução.

© Copyright Domínio Público.

Ao bom amigo César d'Araújo

BAMBINO
TANGO

Ernesto Nazareth
1912

© Copyright Domínio Público.

Ao eminente pianista e compositor H. Oswald

BATUQUE
TANGO CARACTERÍSTICO

Ernesto Nazareth
1913

Ao Exmo. Sr. Comendador Bernardino José de Souza e Mello

BEIJA-FLÔR
POLKA

Ernesto Nazareth
1884

© Copyright Domínio Público.

Ao talentoso e inspirado artista Olympo Nogueira

CARIOCA
TANGO

Ernesto Nazareth
1913

Ao inspirado poeta Catullo da Paixão Cearense

CONFIDÊNCIAS
VALSA

Ernesto Nazareth
1913

© Copyright Domínio Público.

Ao bom amigo Antonio Joaquim Fernandes

CORRECTA
POLKA

Ernesto Nazareth
1915

Com brilho

para acabar.

Fim.

Com entusiasmo

D.C. al

Ao particular amigo Georgino Pinto da Silva Leal

CRUZ, PERIGO!!
POLKA

Ernesto Nazareth
1879

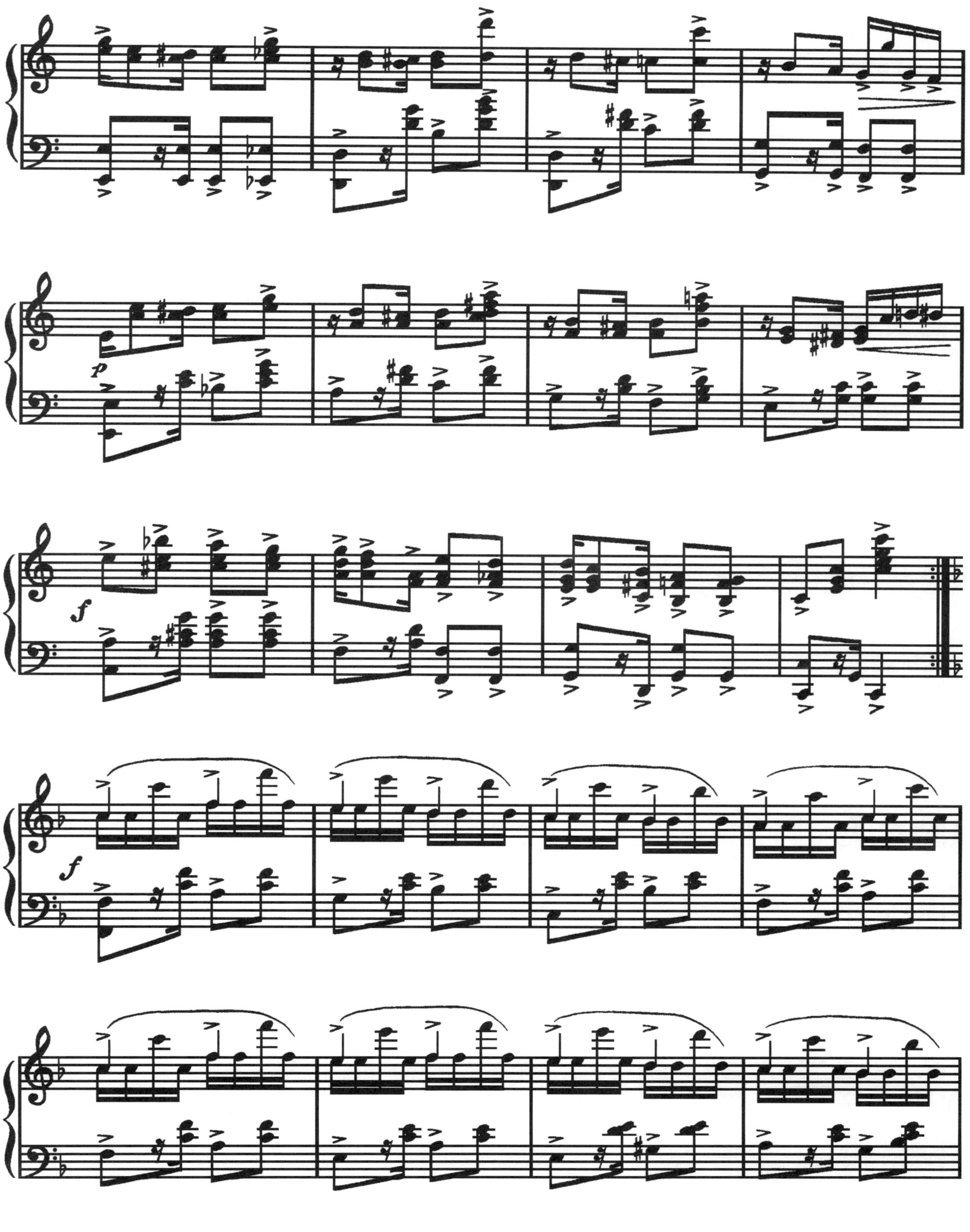
p
f
f

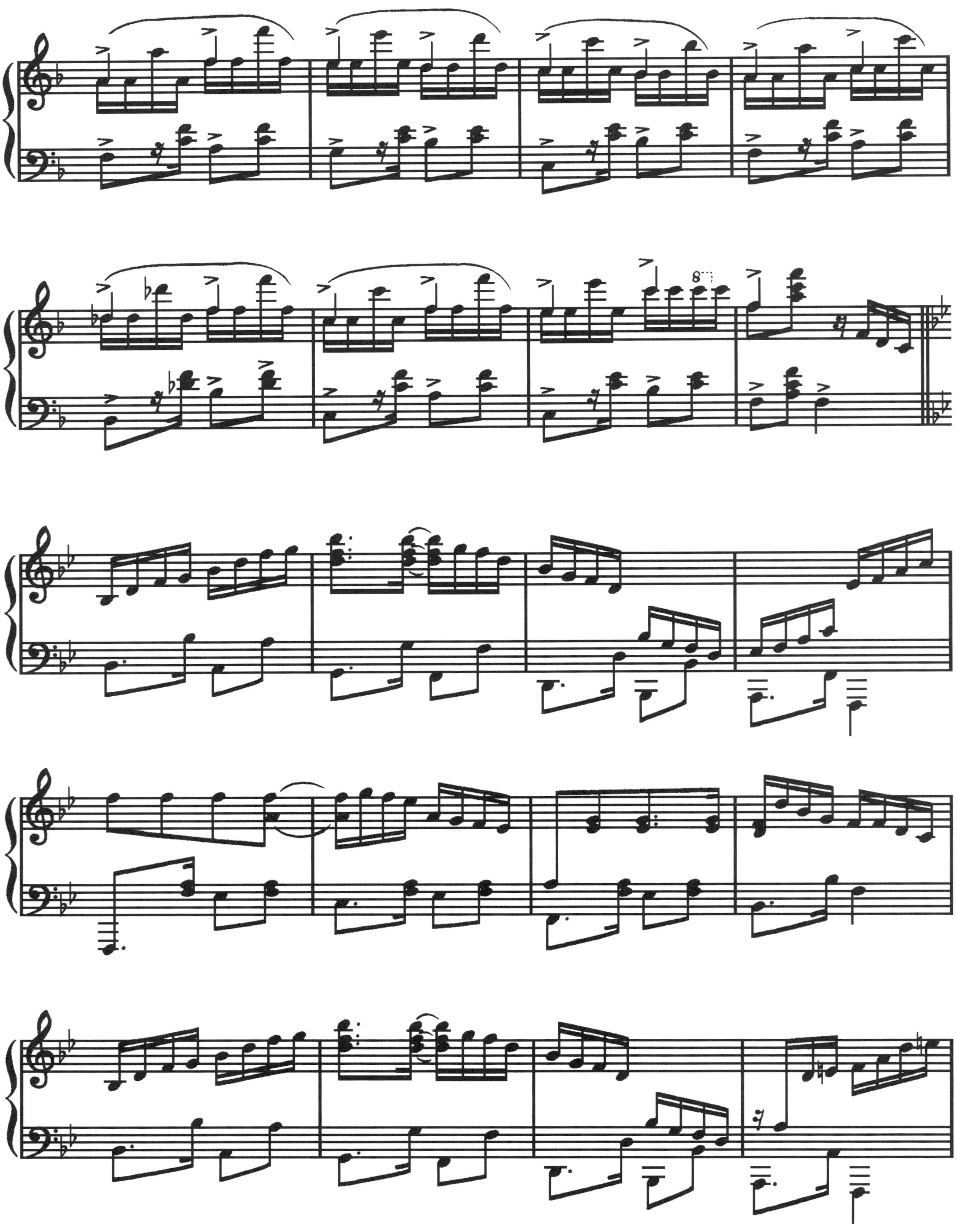

43

À Exma. Sra. D. Bertha Waddington

CRÊ E ESPERA
VALSA

Ernesto Nazareth
1896

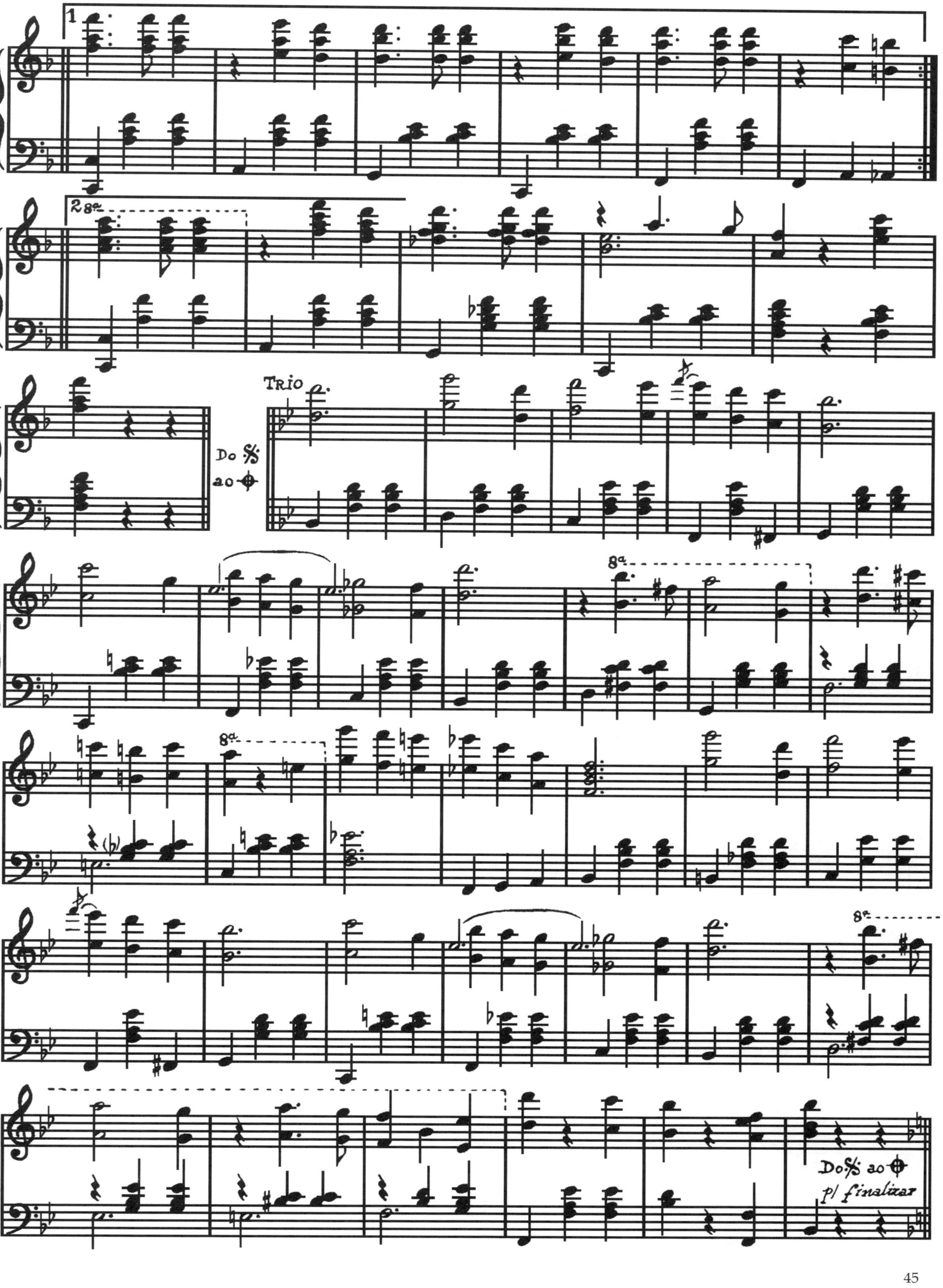
1
2 8a
Do 𝄋 ao 𝄌
TRIO
8a
8a
8a
8a
Do 𝄋 ao 𝄌
p/ finalizar

Ao seu amigo J. Carneiro Machado

CUTUBA
TANGO

Ernesto Nazareth
1913

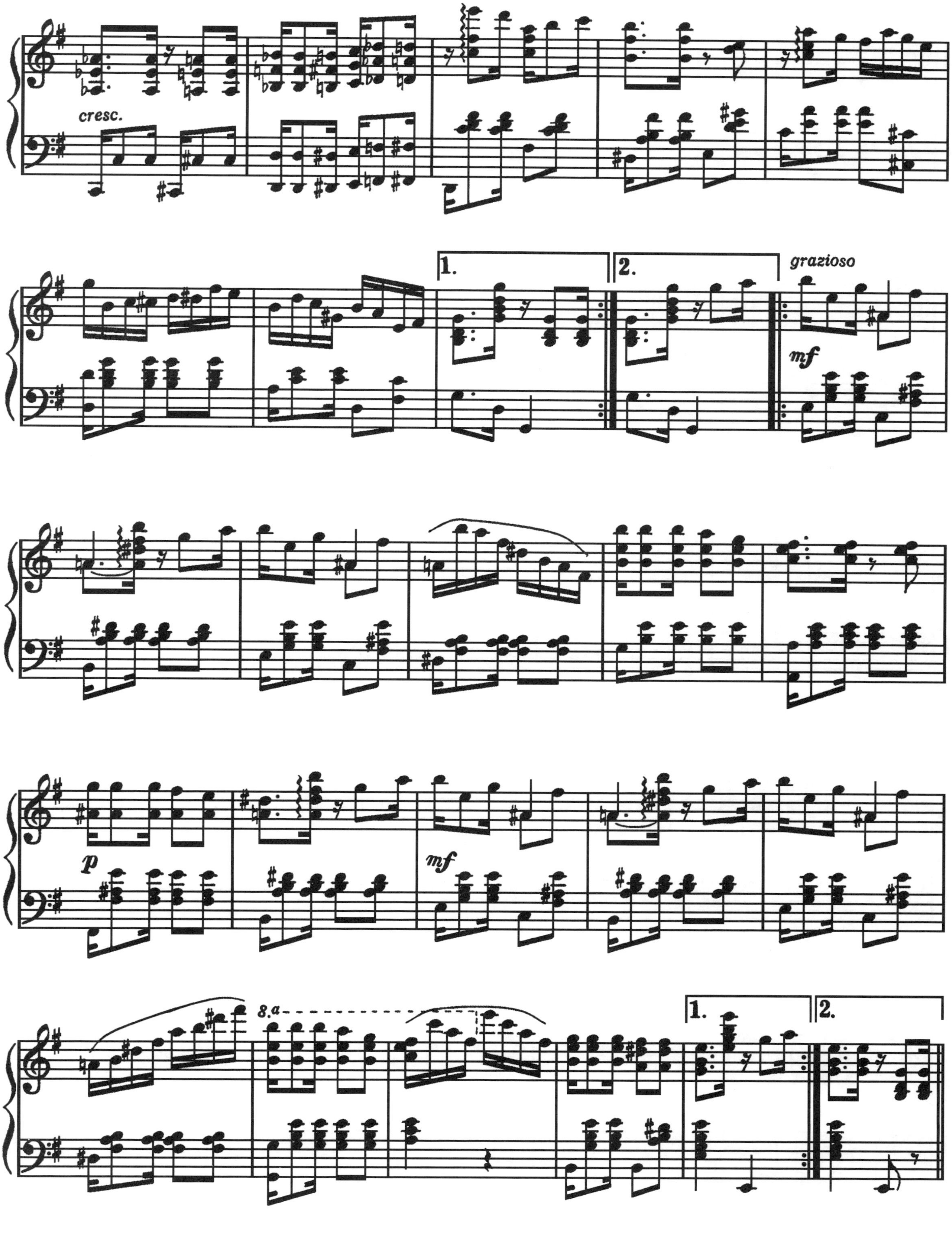
cresc.
1.
2.
grazioso
mf
p
mf
8.a
1.
2.

48

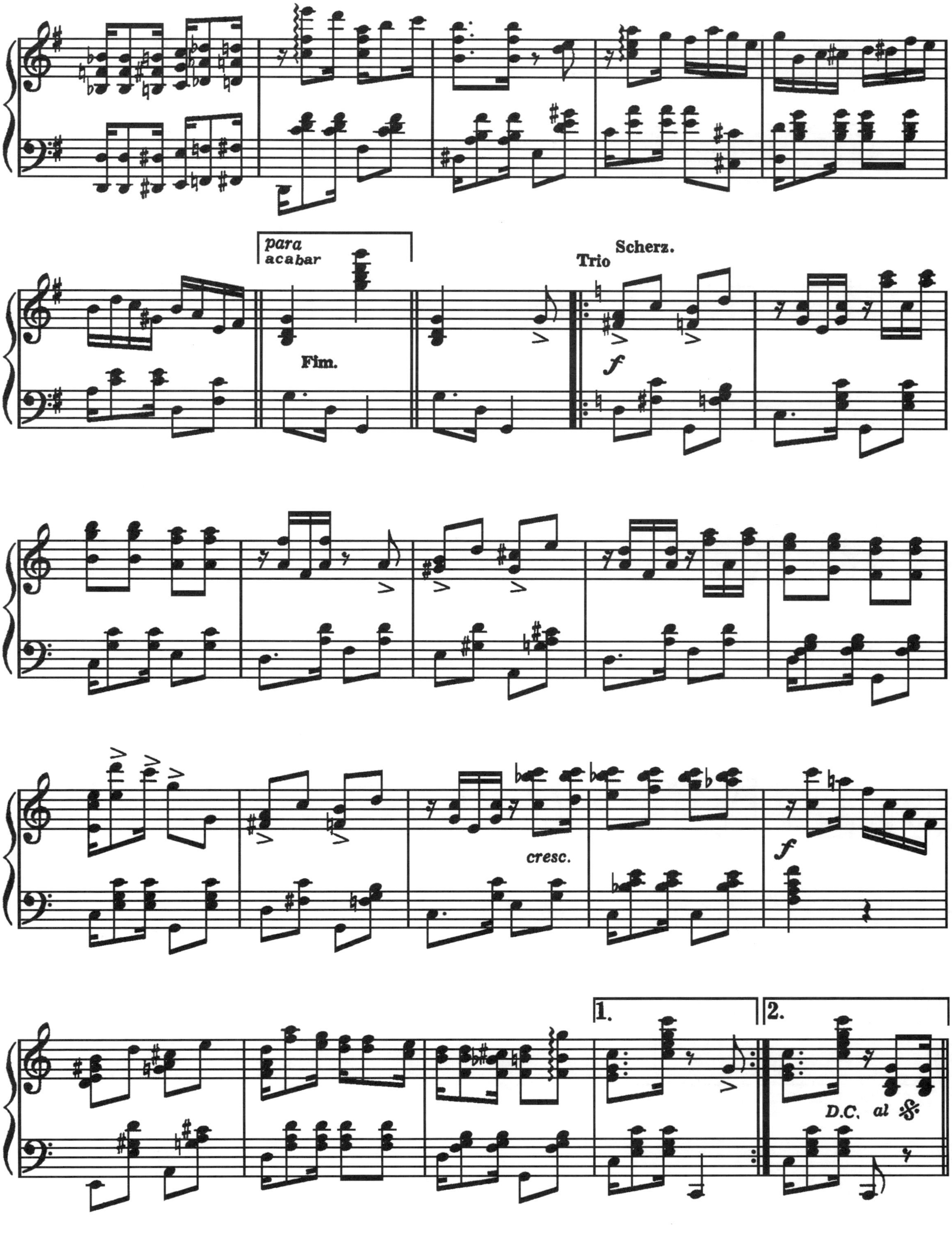
para acabar
Fim.
Trio
Scherz.
f
cresc.
f
1.
2.
D.C. al 𝄋

À gentil Senhorita Constança Teixeira

DIGO
TANGO CARACTERÍSTICO

Ernesto Nazareth
1922

© Copyright Domínio Público.

51

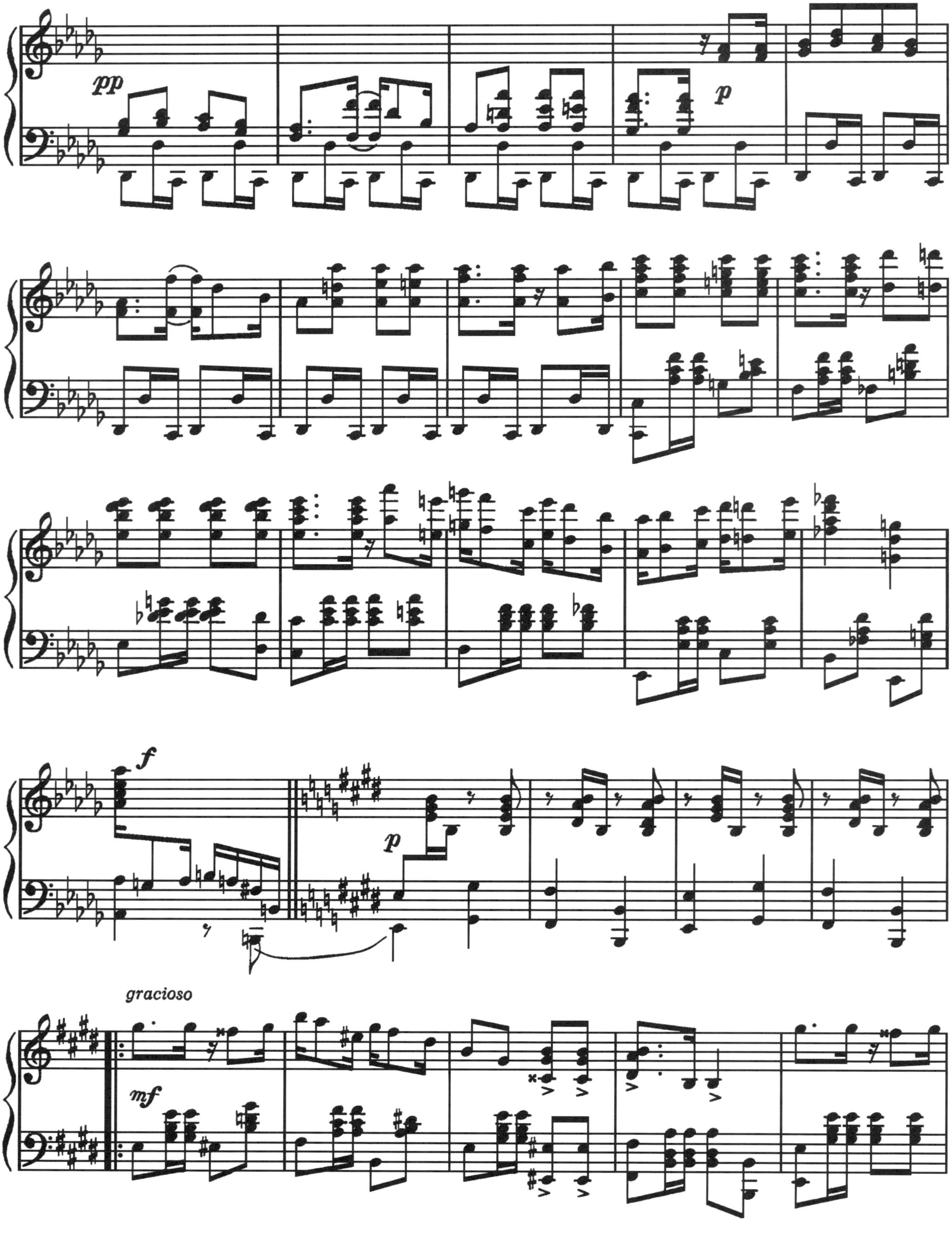
pp
p
f
p
gracioso
mf

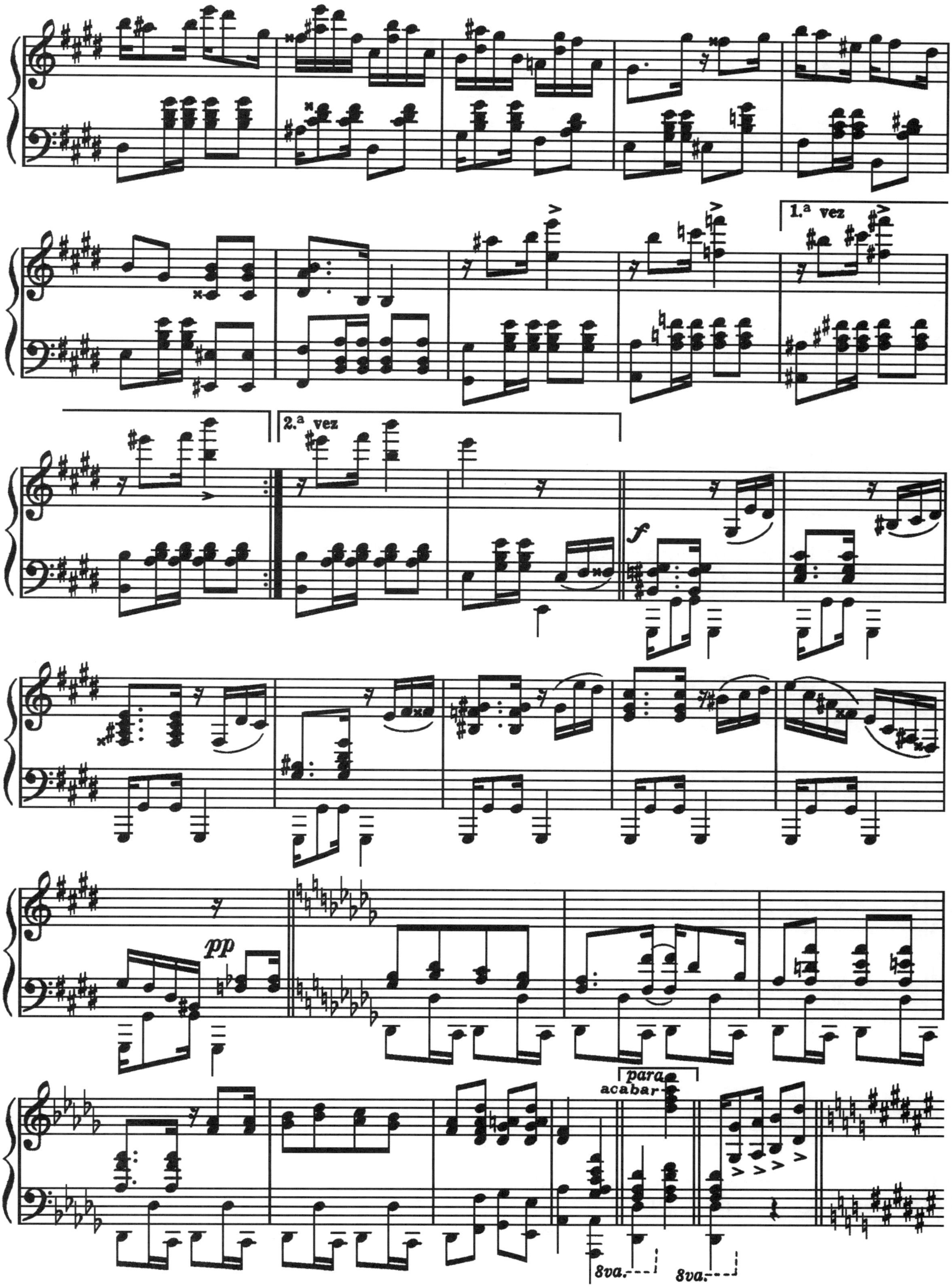
1.ª vez
2.ª vez
f
pp
para acabar
8va.
8va.

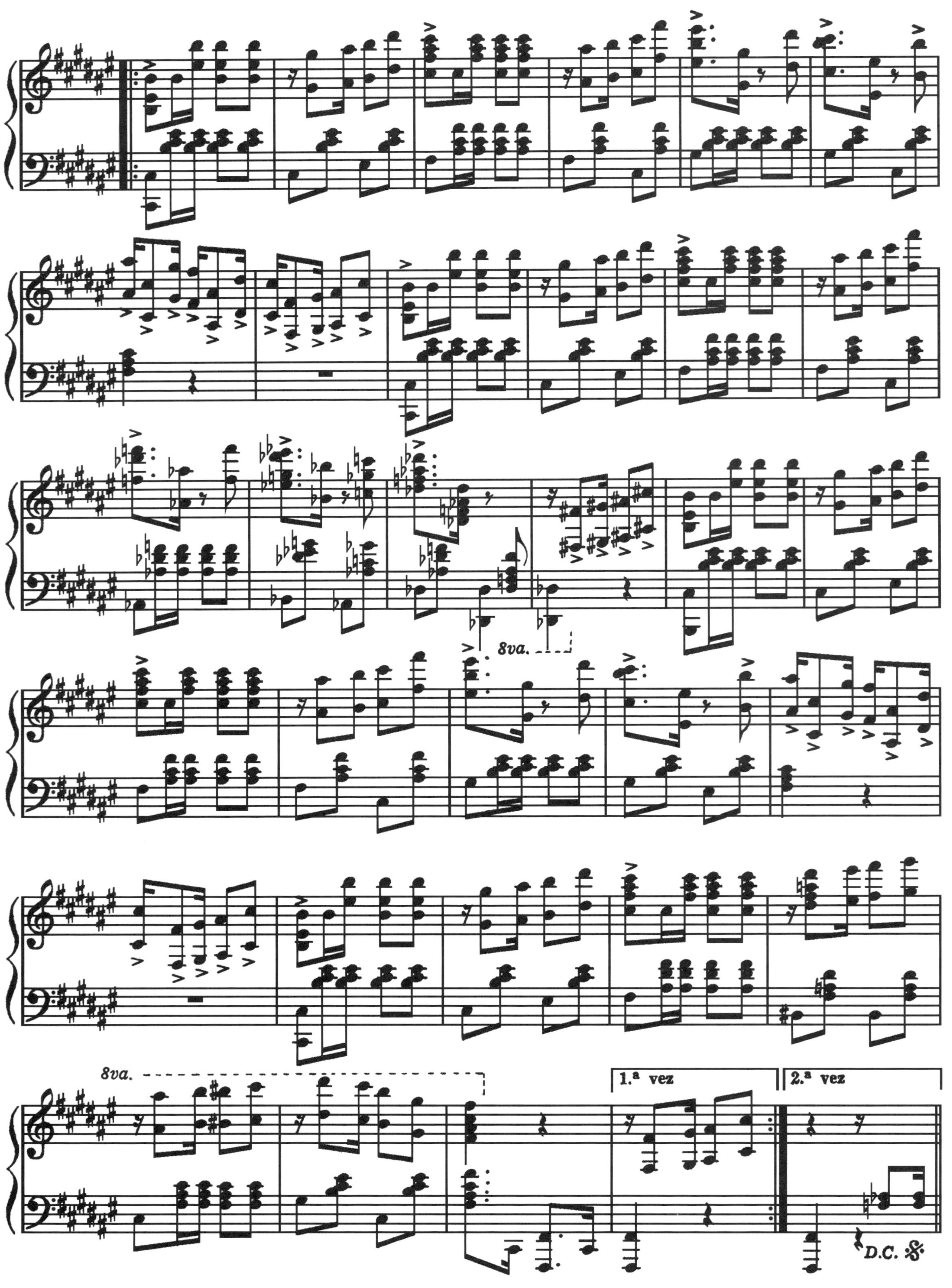

8va.
8va.
1.ª vez
2.ª vez
D.C.

Ao amigo Julio Braga

DUVIDOSO
TANGO

Ernesto Nazareth
1922

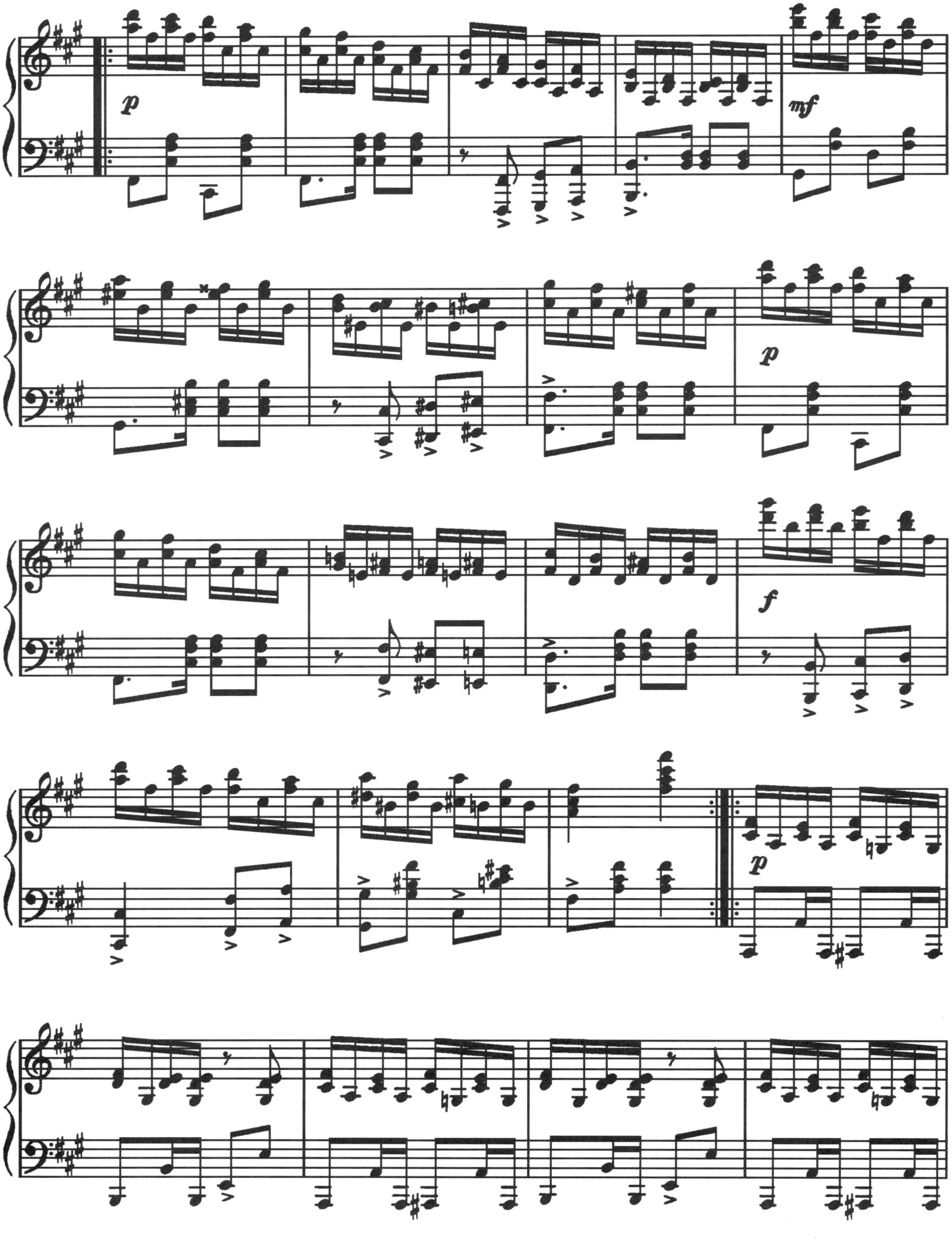
p
mf
p
f
p

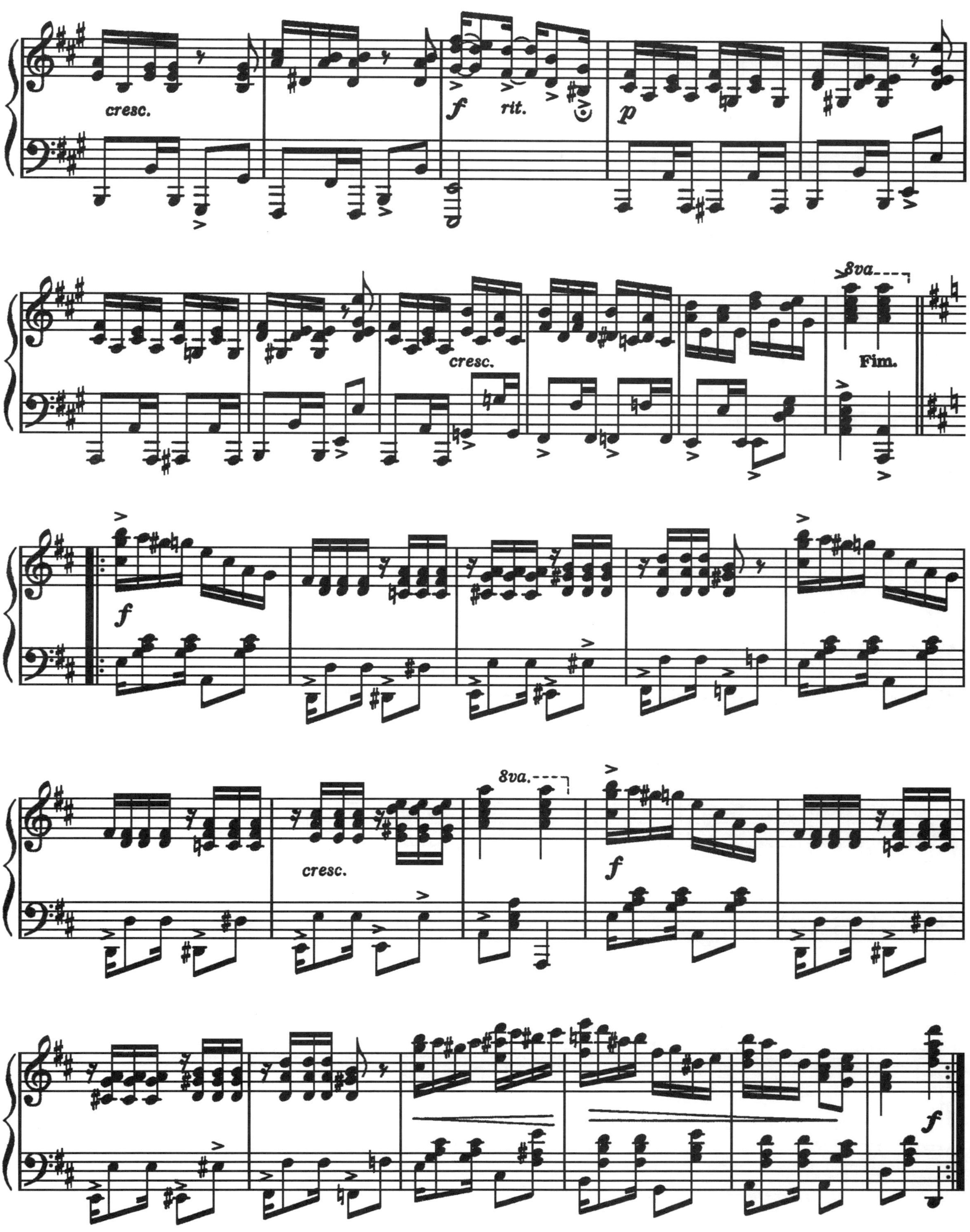
cresc.
f
rit.
p
8va
Fim.
f
cresc.
8va.
f
f

A meu amigo José Gomes Machado

ENCANTADA
SCHOTTISCH

Ernesto Nazareth
1912

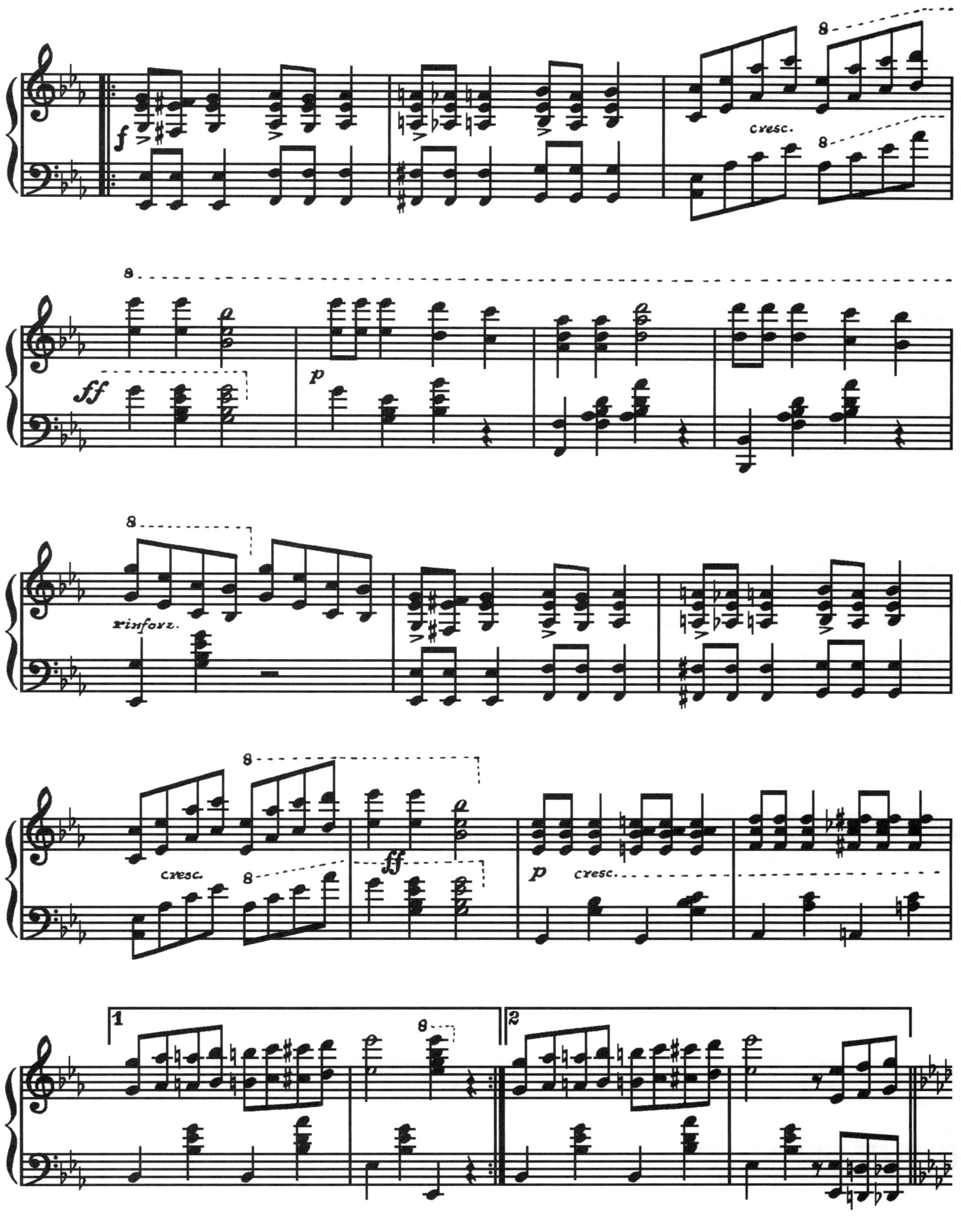

f
cresc.
ff
p
rinforz.
cresc.
ff
p
cresc.
1
2

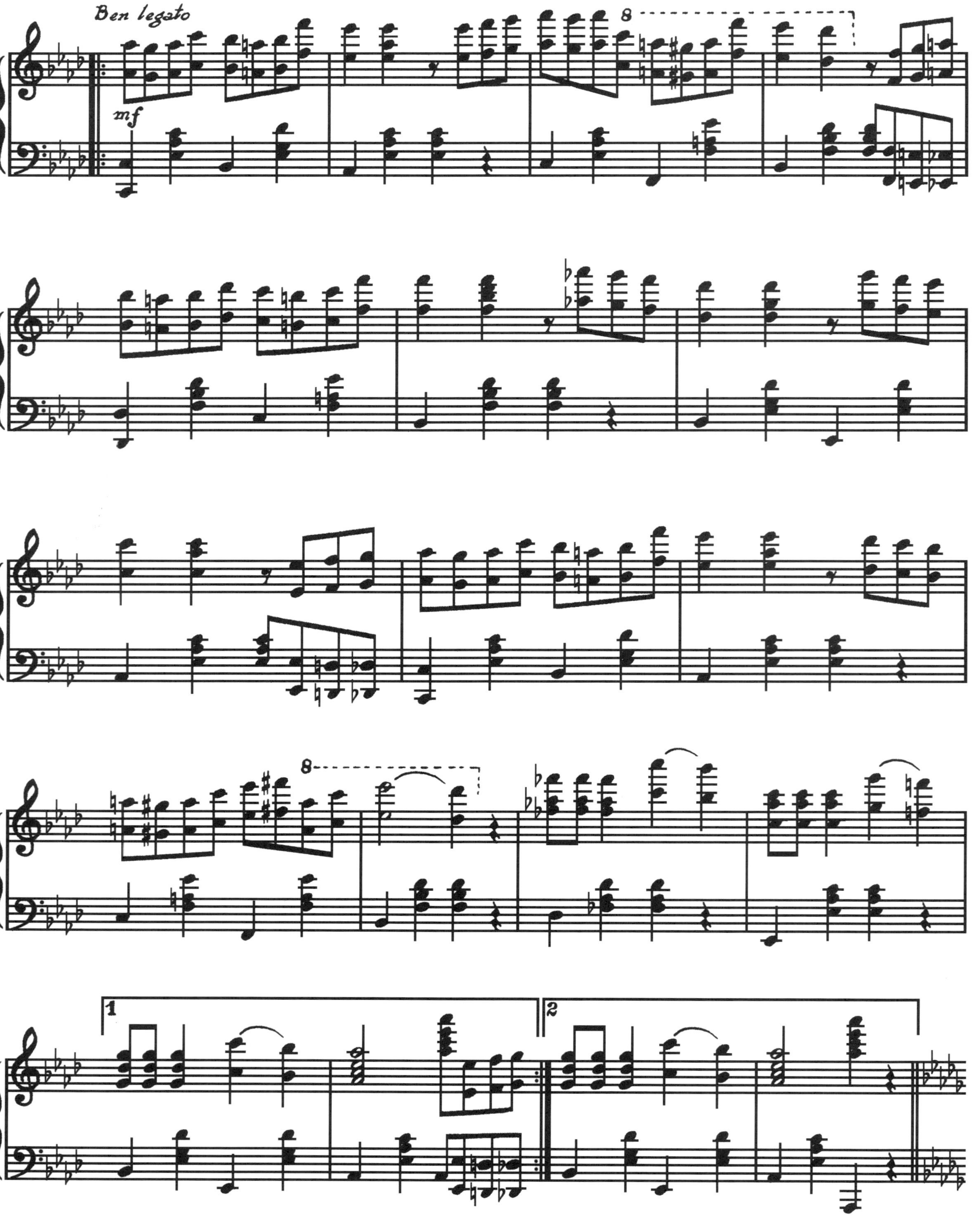
Ben legato
mf
8
8
1
2

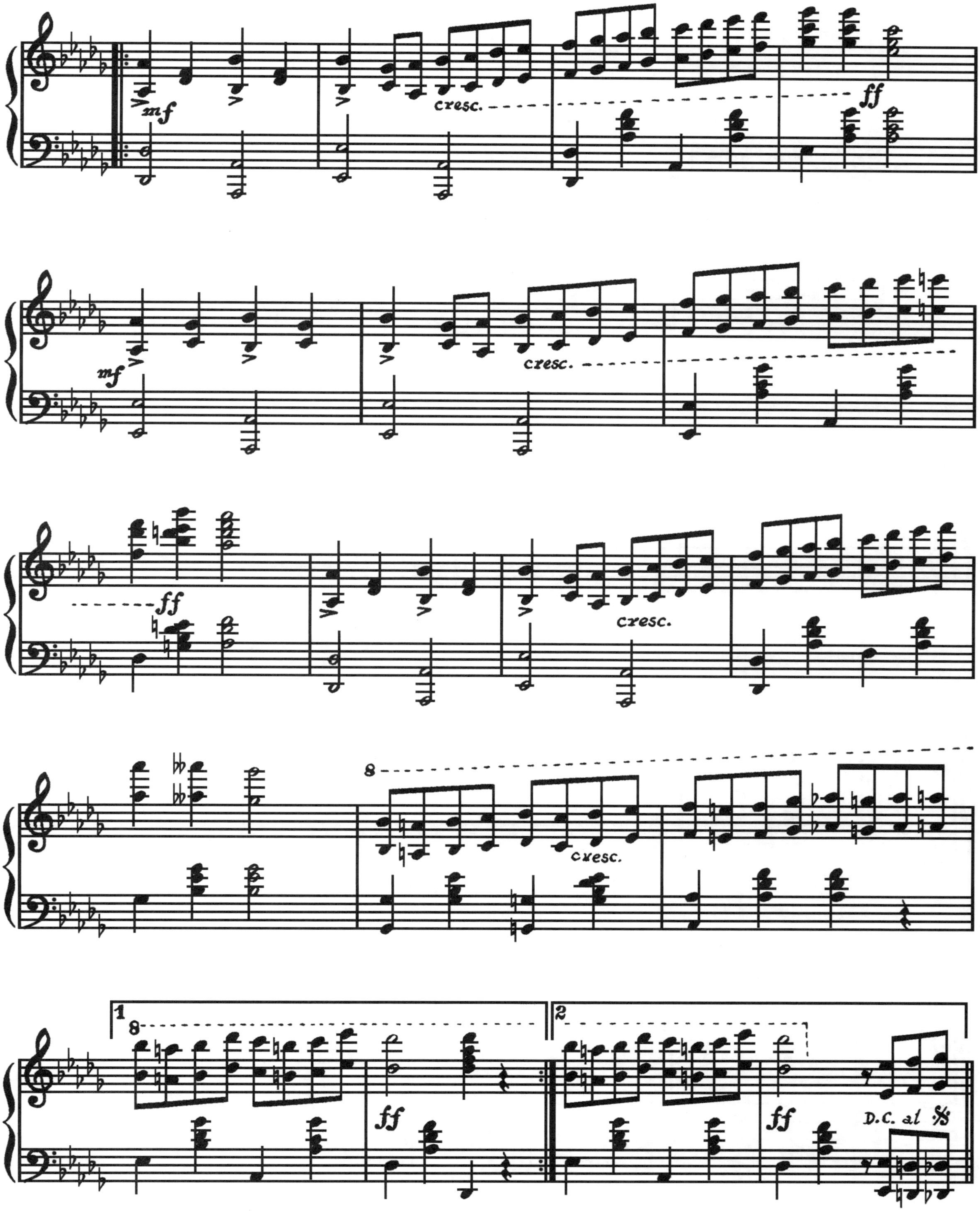
mf
cresc.
ff
mf
cresc.
ff
cresc.
8
cresc.
1
8
2
ff
ff
D.C. al 𝄋

Ao meu amigo Dr. Elpídio Trindade

ESPALHAFATOSO
TANGO

Ernesto Nazareth
1913

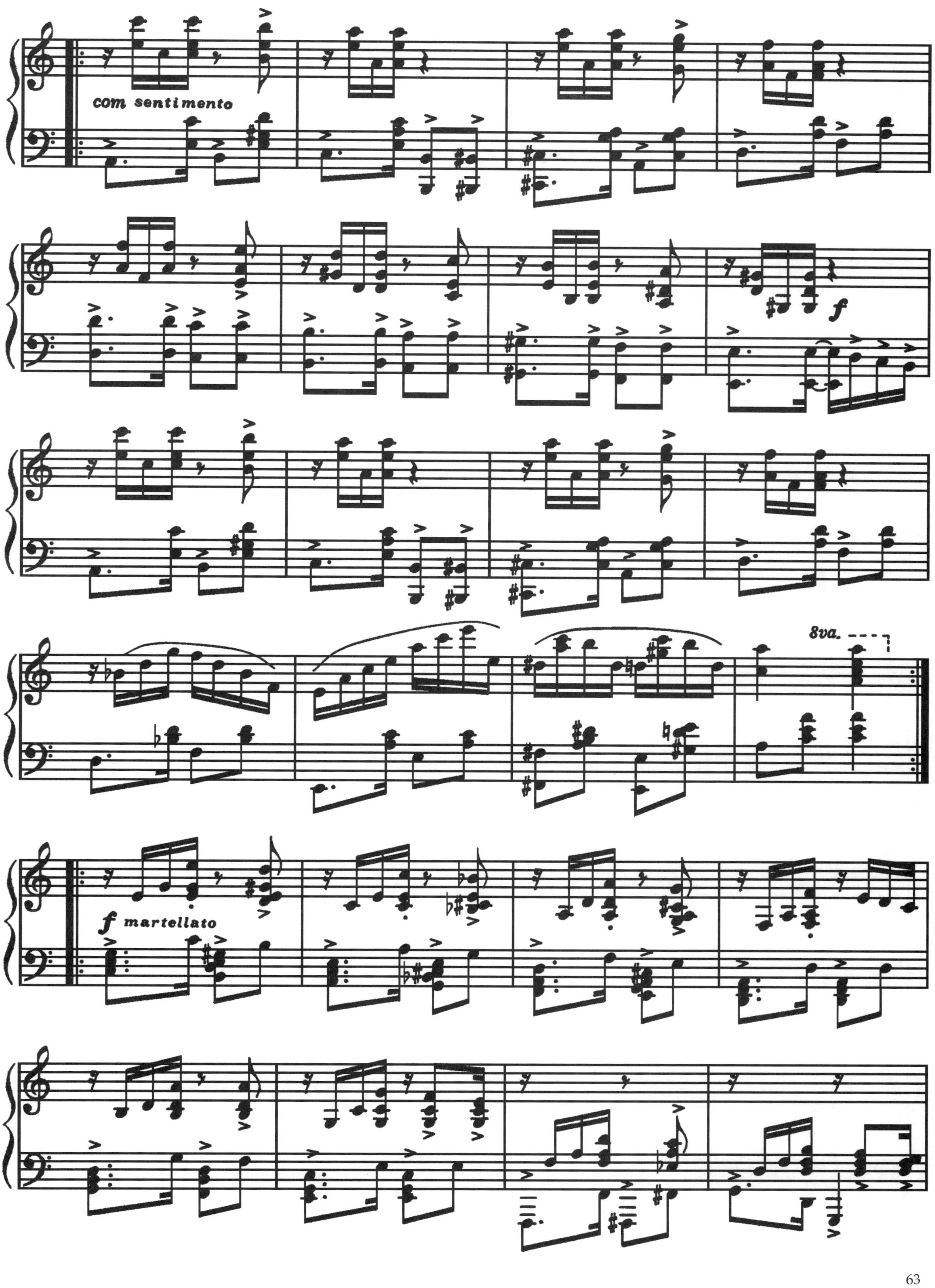
com sentimento
f
8va.
f martellato

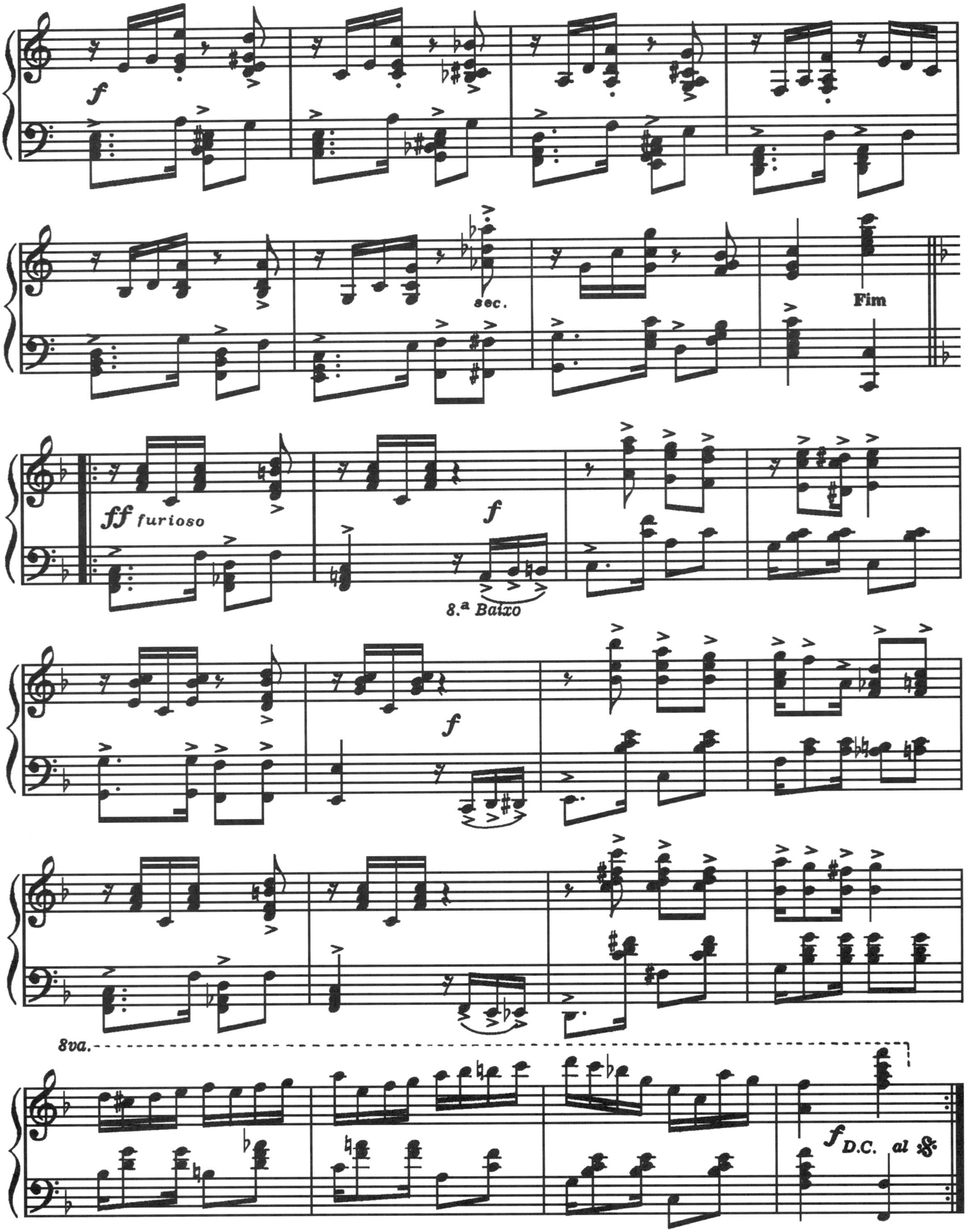

f
sec.
Fim
ff furioso
f
8.ª Baixo
f
8va.
f D.C. al 𝄋

Á gentil Francisca Gonzaga

ESTÁ CHUMBADO
TANGO

Ernesto Nazareth
1898

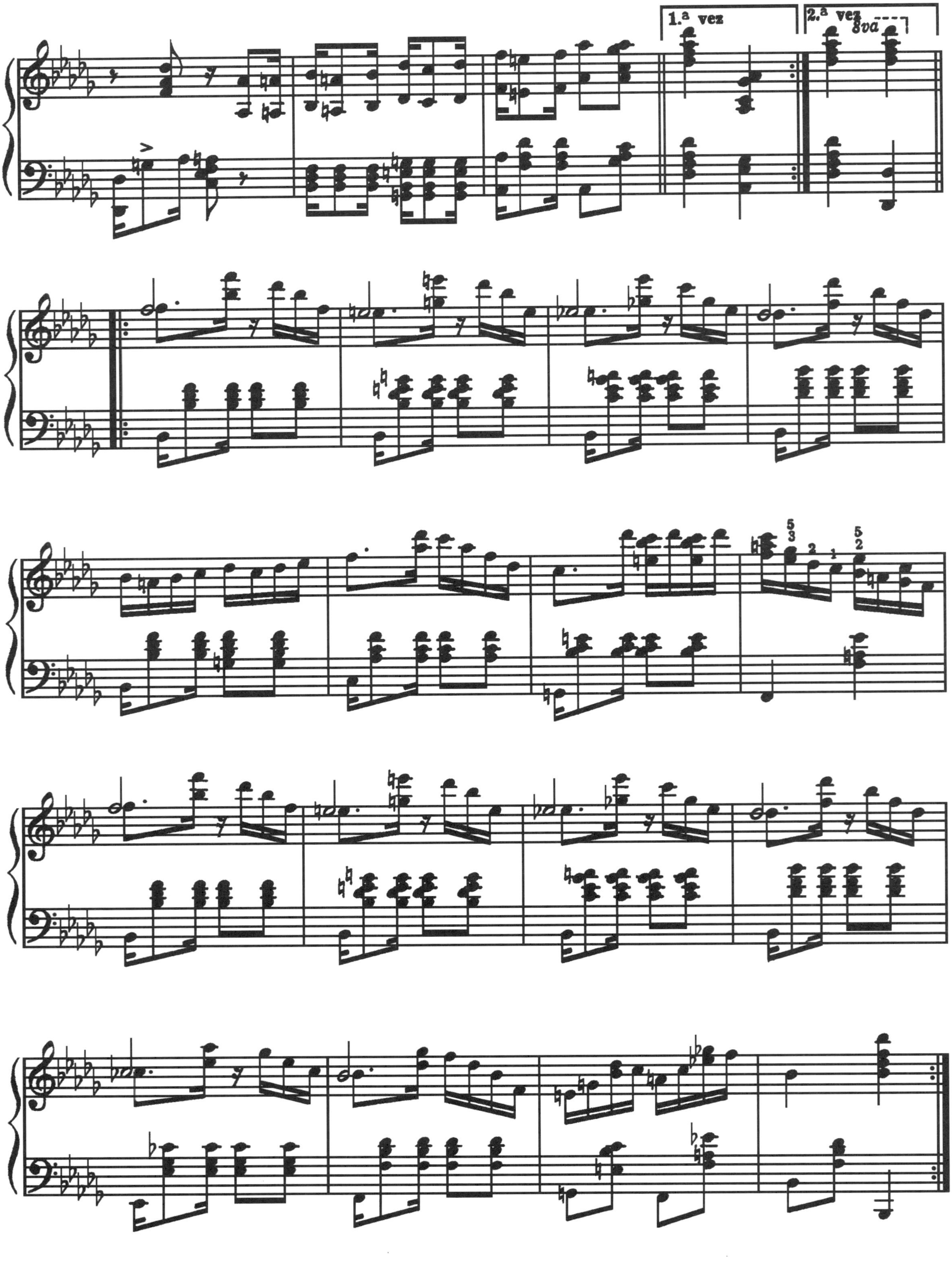
1.ª vez
2.ª vez
8va

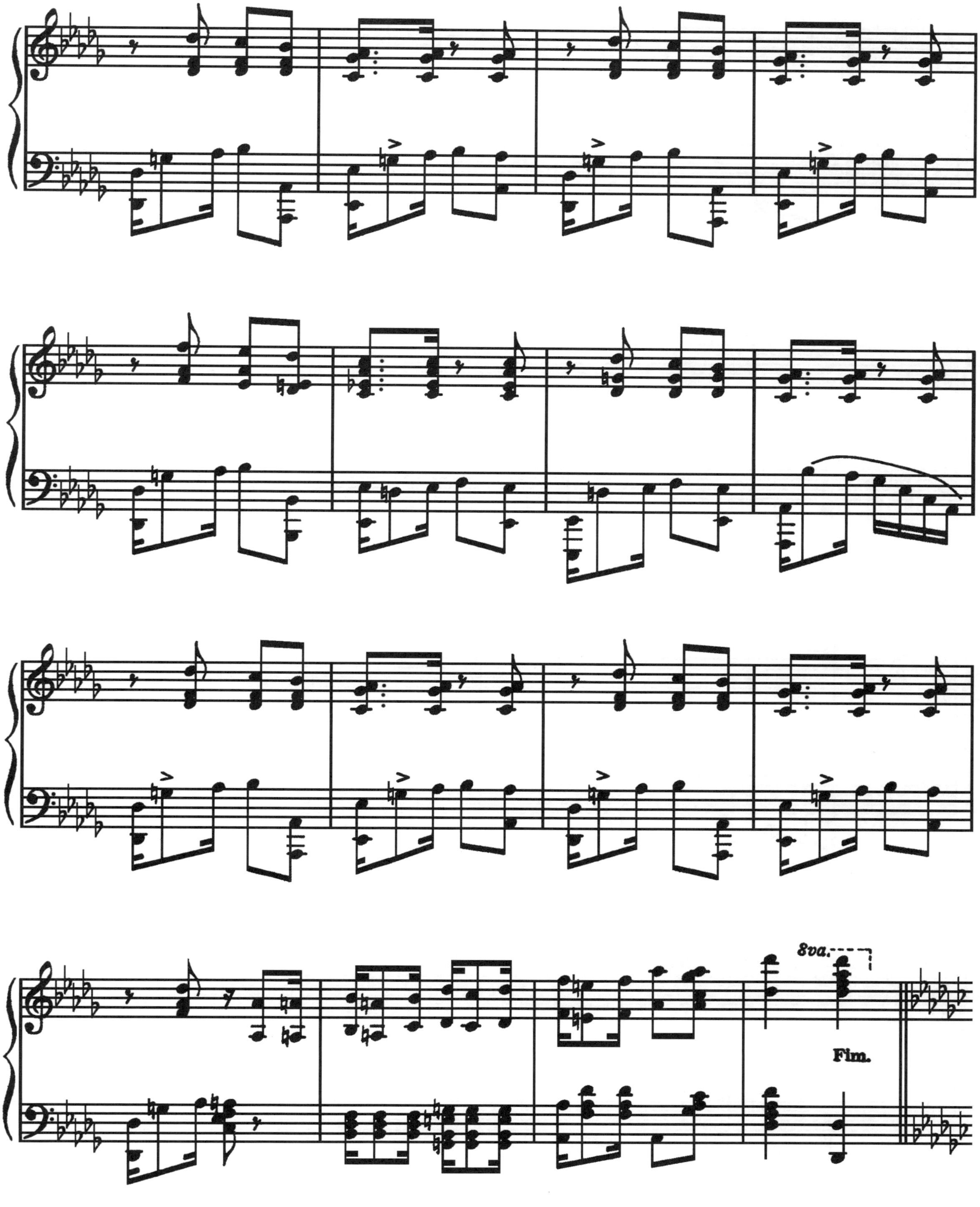
8va.
Fim.

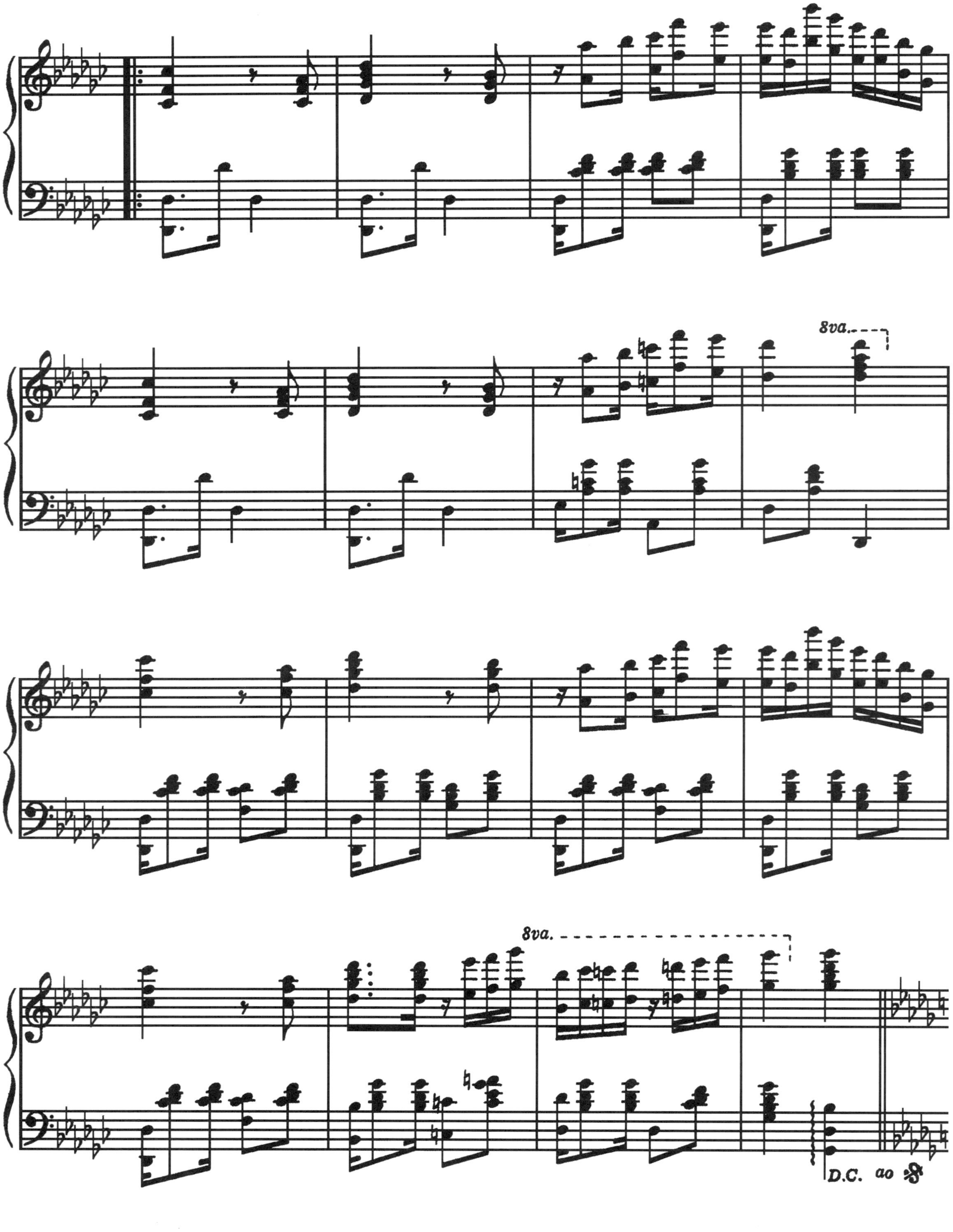
8va.
8va.
D.C. ao

Ao distinto amigo Mário Baptista Martins Barata

FON-FON!
TANGO

Ernesto Nazareth
1930

© Copyright Domínio Público.

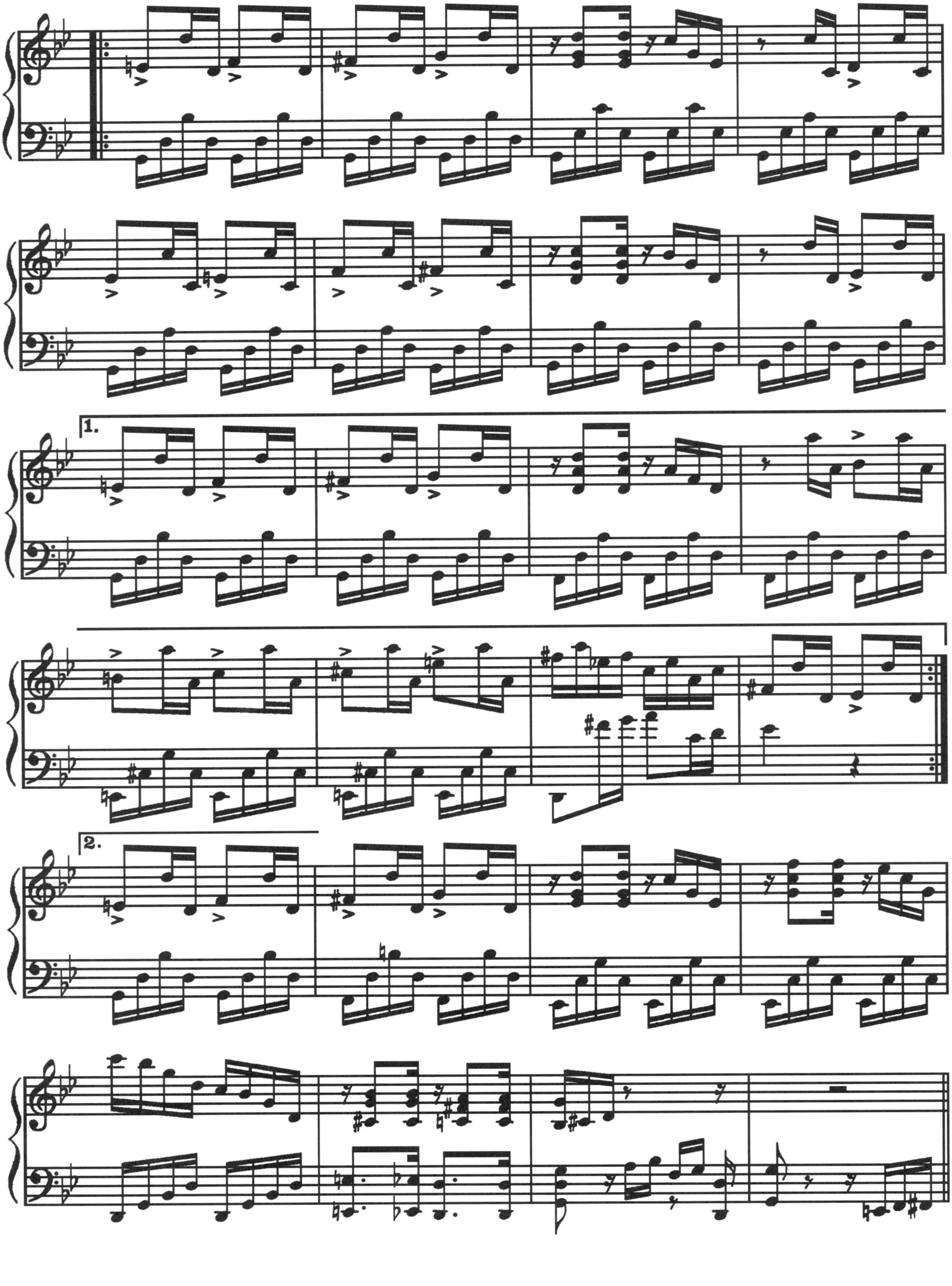
1.
2.

para acabar

D.C. al 𝄋

Ao distinto amigo Arthur Napoleão

GARÔTO
TANGO

Ernesto Nazareth
1916

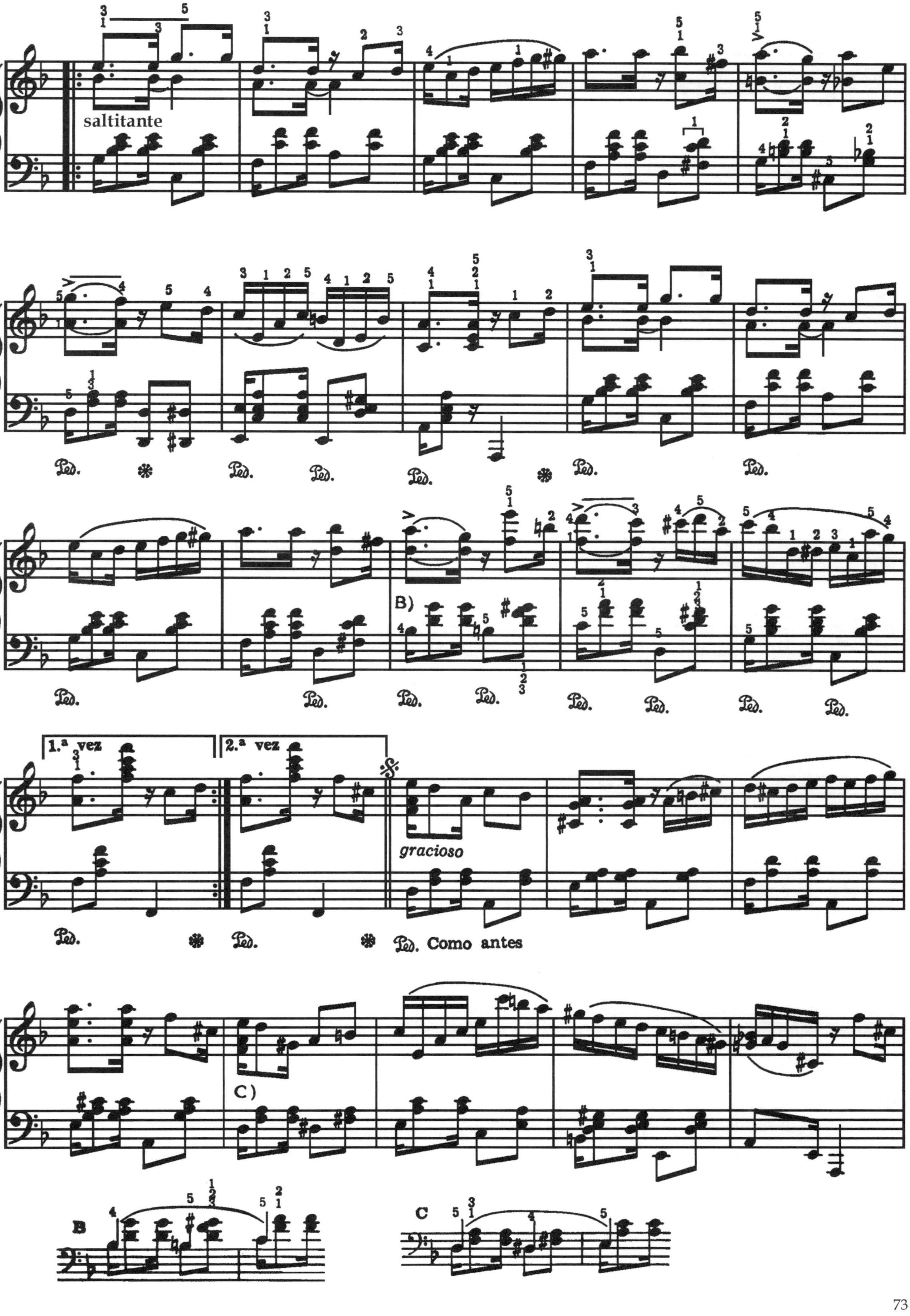
saltitante
Ped.
1.ª vez
2.ª vez
gracioso
Ped. Como antes
B)
C)
B
C

8va.
Fim.
Ped.
f
pp gracioso
(una corda)
f tre corde
D) ff
1.ª vez
2.ª vez
D.C. al 𝄋
D

Ao poeta Arthur Azevedo

GENIAL
VALSA

Revisão, dedilhado e pedalização
do maestro Gaó

Ernesto Nazareth
1900

© Copyright Domínio Público.

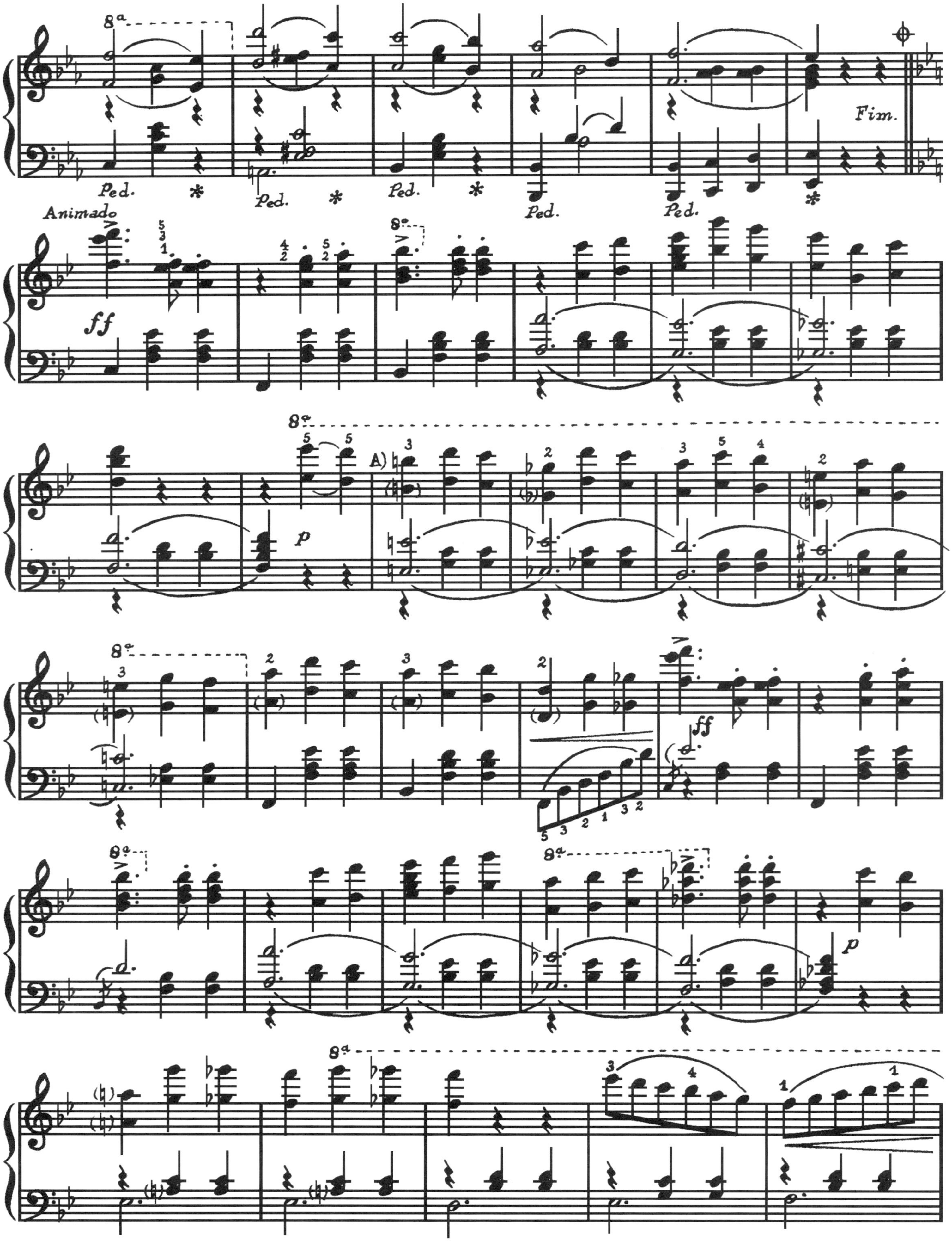
Ped.
Fim.
Animado
ff
p
A)

A) Todas notas entre parênteses poderão ser omitidas a fim de facilitar a execução.

Ao velho amigo Dr. Hortensio de Carvalho

GUERREIRO
TANGO

Ernesto Nazareth
1917

2.ª vez
f
ziguezagueando
cresc.
ff
f
cresc.
dim.
animando
1.ª vez
2.ª vez
f
f
al
sò para acabar
8va.
Fim.

p sapateado
ben stacato il basso
cresc.
f
p
cresc.
f
ff
molto legato
rit.
1.ª vez
2.ª vez
p
mf
D.C. al 𝄋

A meu dileto amigo Virgilio Silvares

HELENA
VALSA

Ernesto Nazareth
1896

82

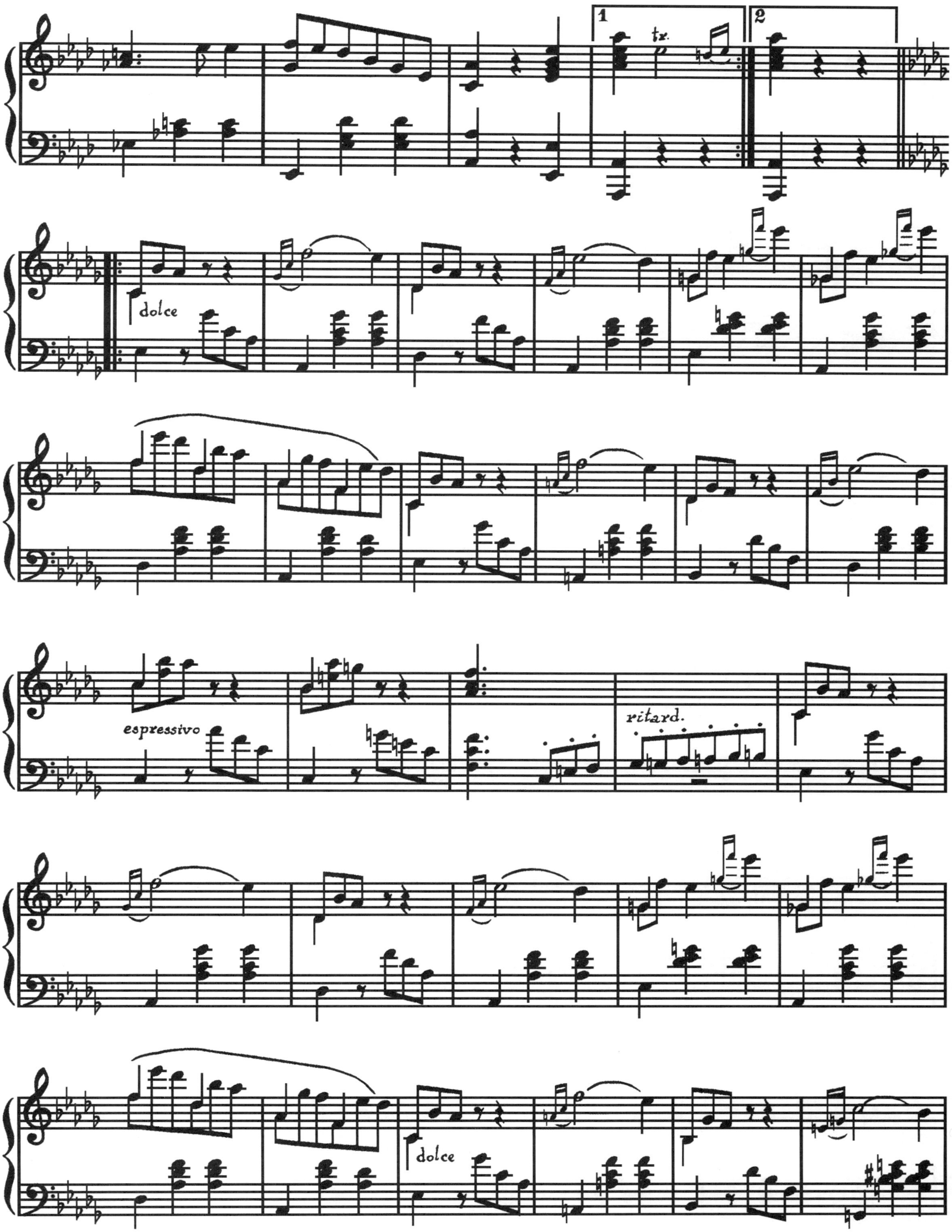
1
2
tr.
dolce
espressivo
ritard.
dolce

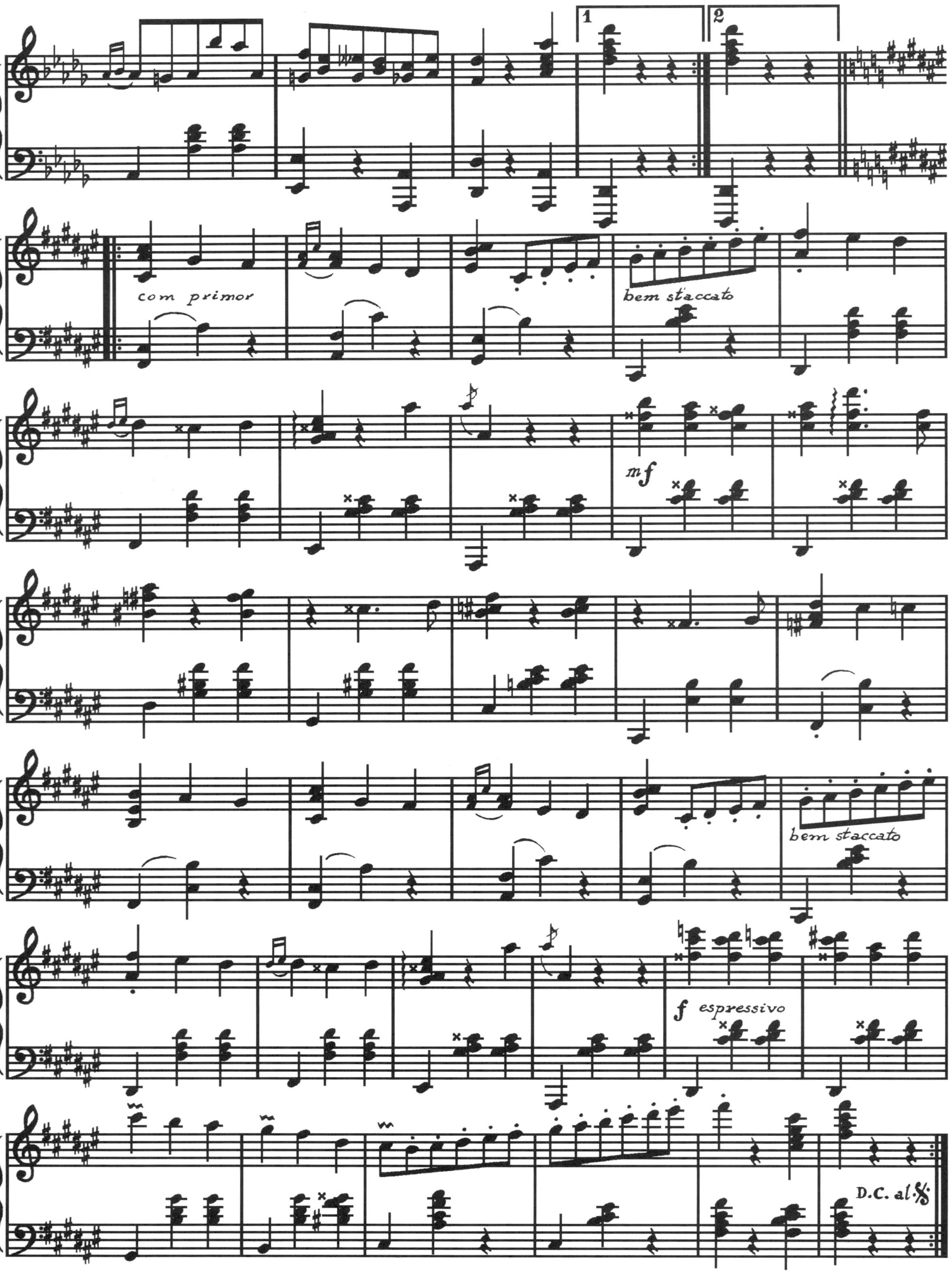

1
2
com primor
bem stacato
mf
bem staccato
f espressivo
D.C. al 𝄋

A meu amigo José Pinto Moreira (4 de janeiro de 1901)

HENRIETTE
VALSA

Ernesto Nazareth
1902

© Copyright Domínio Público.

Brilhante

Fim

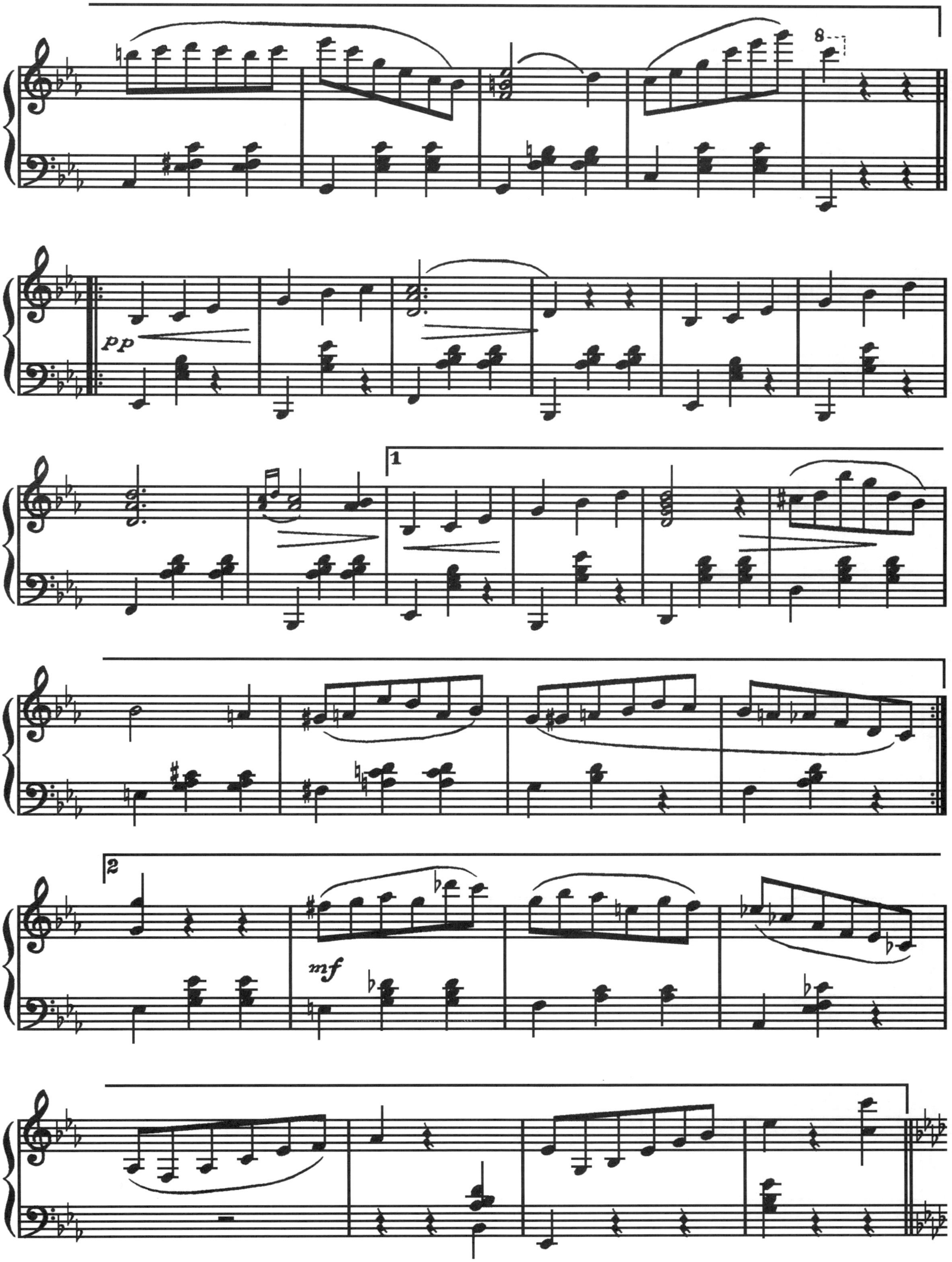
8
pp
1
2
mf

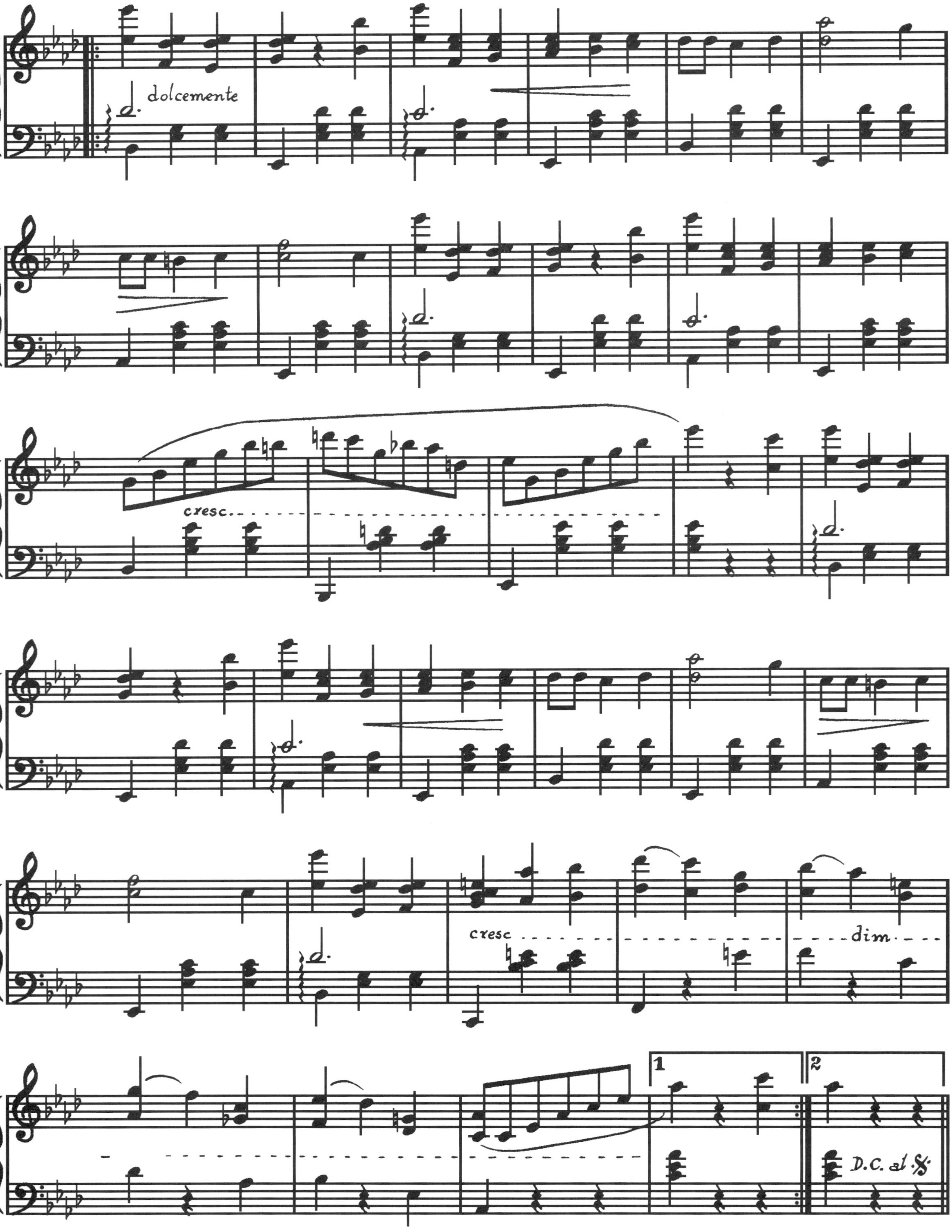
dolcemente
cresc.
cresc
dim
1
2
D.C. al 𝄋

Ao distinto amigo Heitor Villa-Lobos

IMPROVISO
ESTUDO PARA CONCERTO

Ernesto Nazareth
1931

© Copyright Domínio Público.

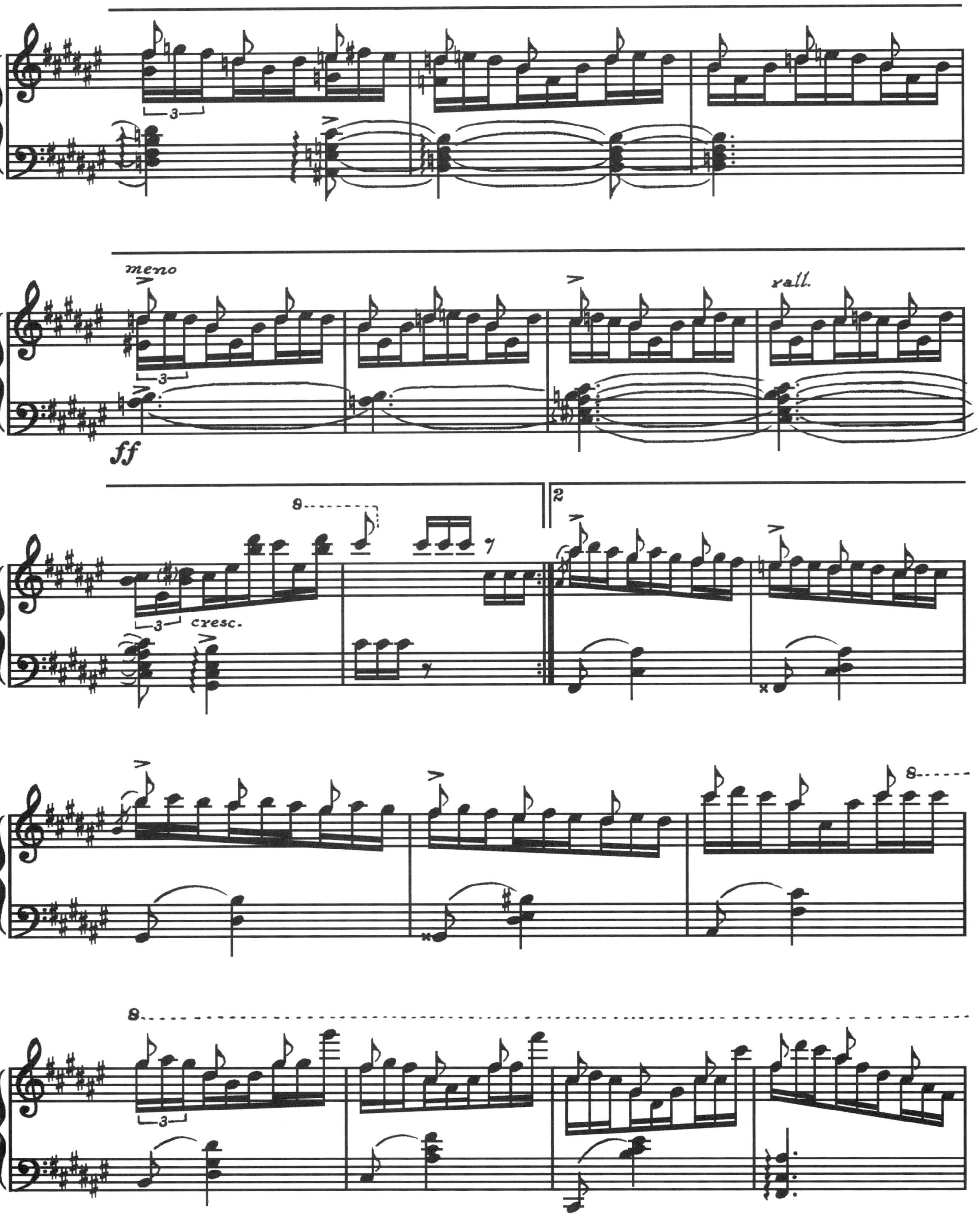
meno
ff
rall.
cresc.
2

8
3
sensivel
p
extinguindo
Fim
Molto legato e espressivo
p
mf
ritard.

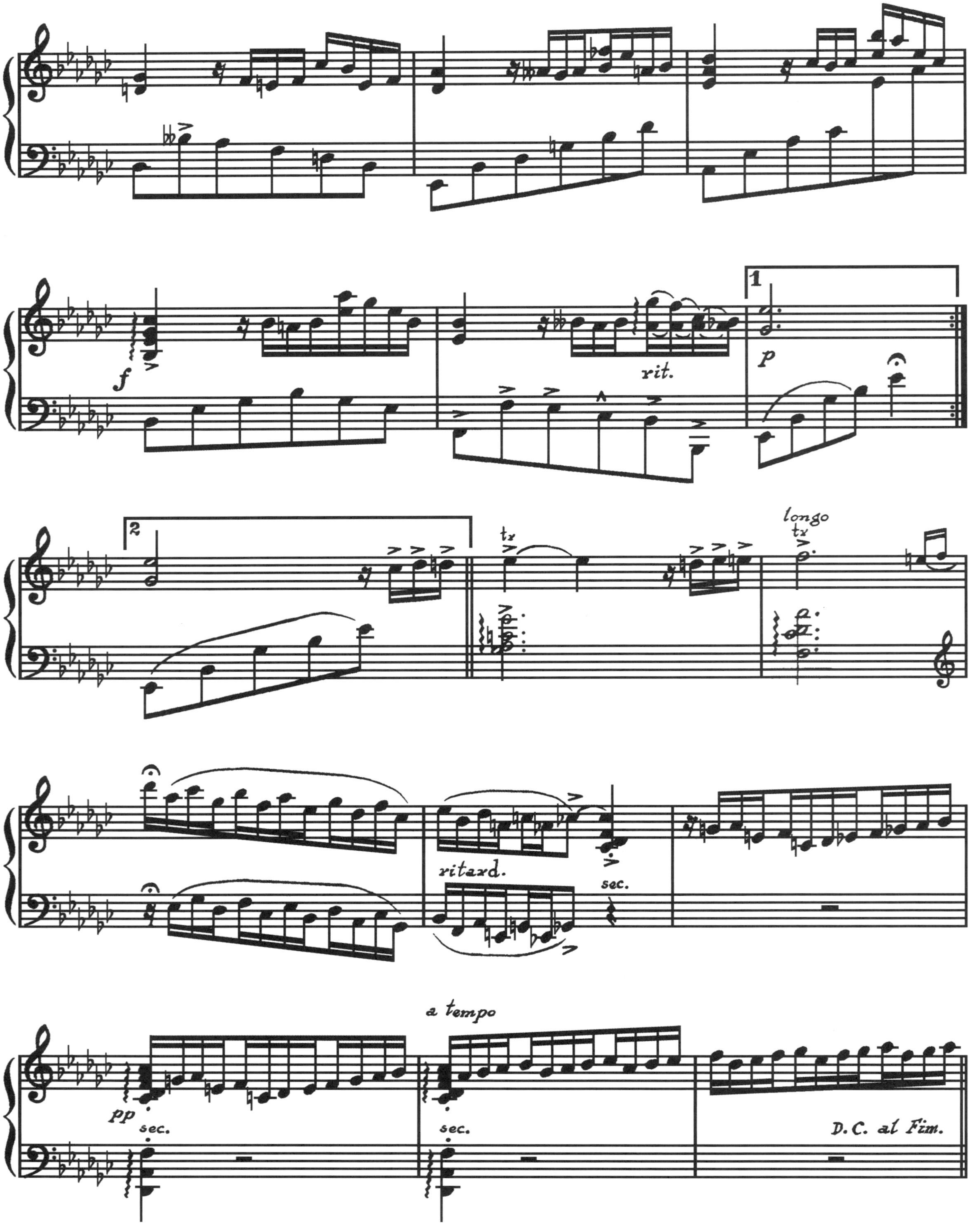
f
rit.
p
longo
tr
ritard.
sec.
pp
a tempo
D. C. al Fim.

Ao meu amigo Orlando Pires de Moraes

INSUPERÁVEL
TANGO

Revisão, dedilhado e pedalização
do maestro Gaó

Ernesto Nazareth
1919

bem jocoso
com impeto
f
sec.
8.ª Baixo
mf
cresc.
sempre
8va.
f
Fim.
Trio
p misterioso
cresc.

B) Todas notas entre parênteses poderão ser omitidas

A Alberto Nepomuceno

JANGADEIRO
TANGO

Ernesto Nazareth
1922

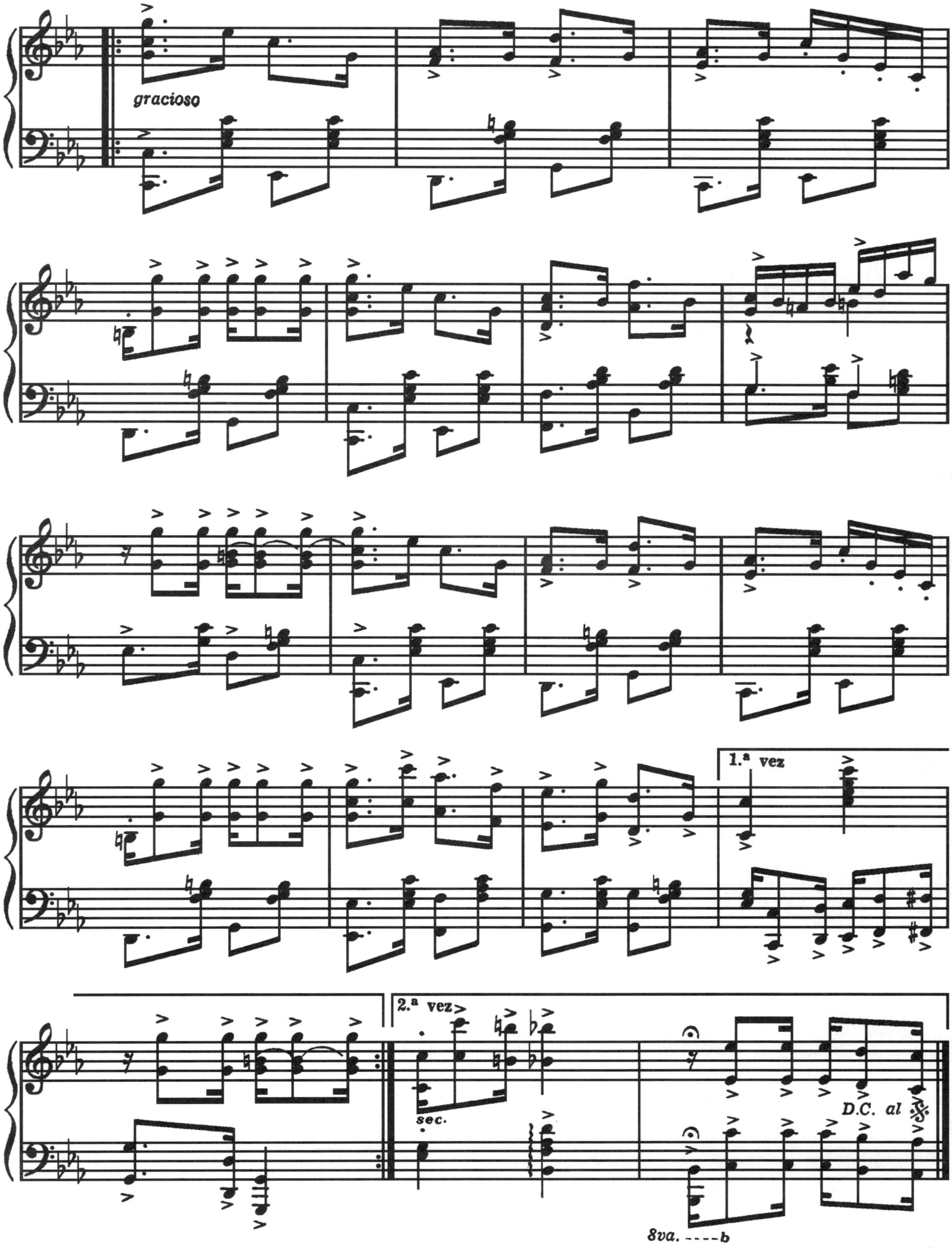
gracioso
1.ª vez
2.ª vez
sec.
D.C. al
8va.

Ao amigo Pedro F. Dantas

LABIRINTO
TANGO

Ernesto Nazareth
1917

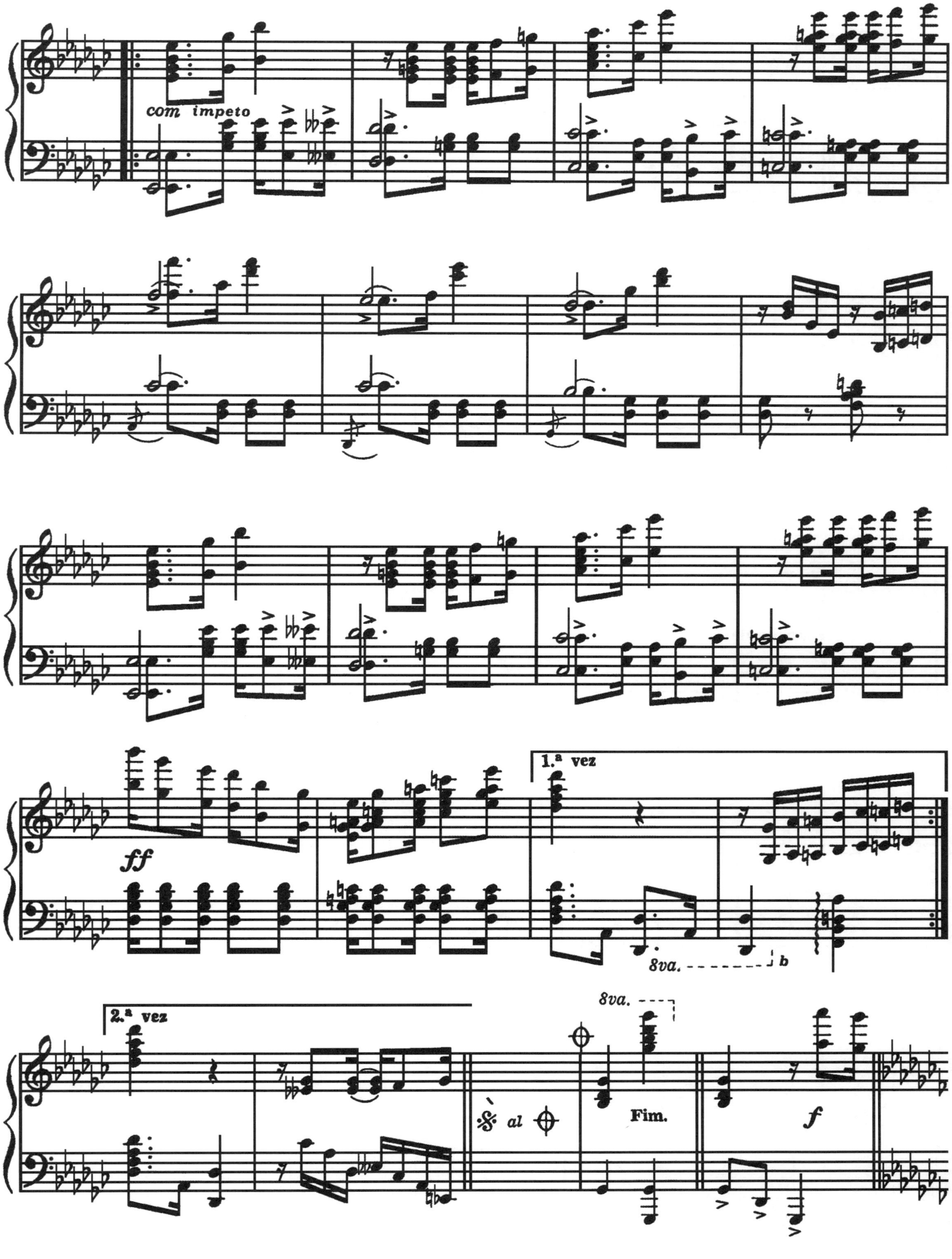

com impeto
ff
1.ª vez
8va.
b
2.ª vez
al
8va.
Fim.
f

Trio

A Oscar Lorenzo Fernandez

MANDIGA
TANGO

Ernesto Nazareth
1913

© Copyright Domínio Público.

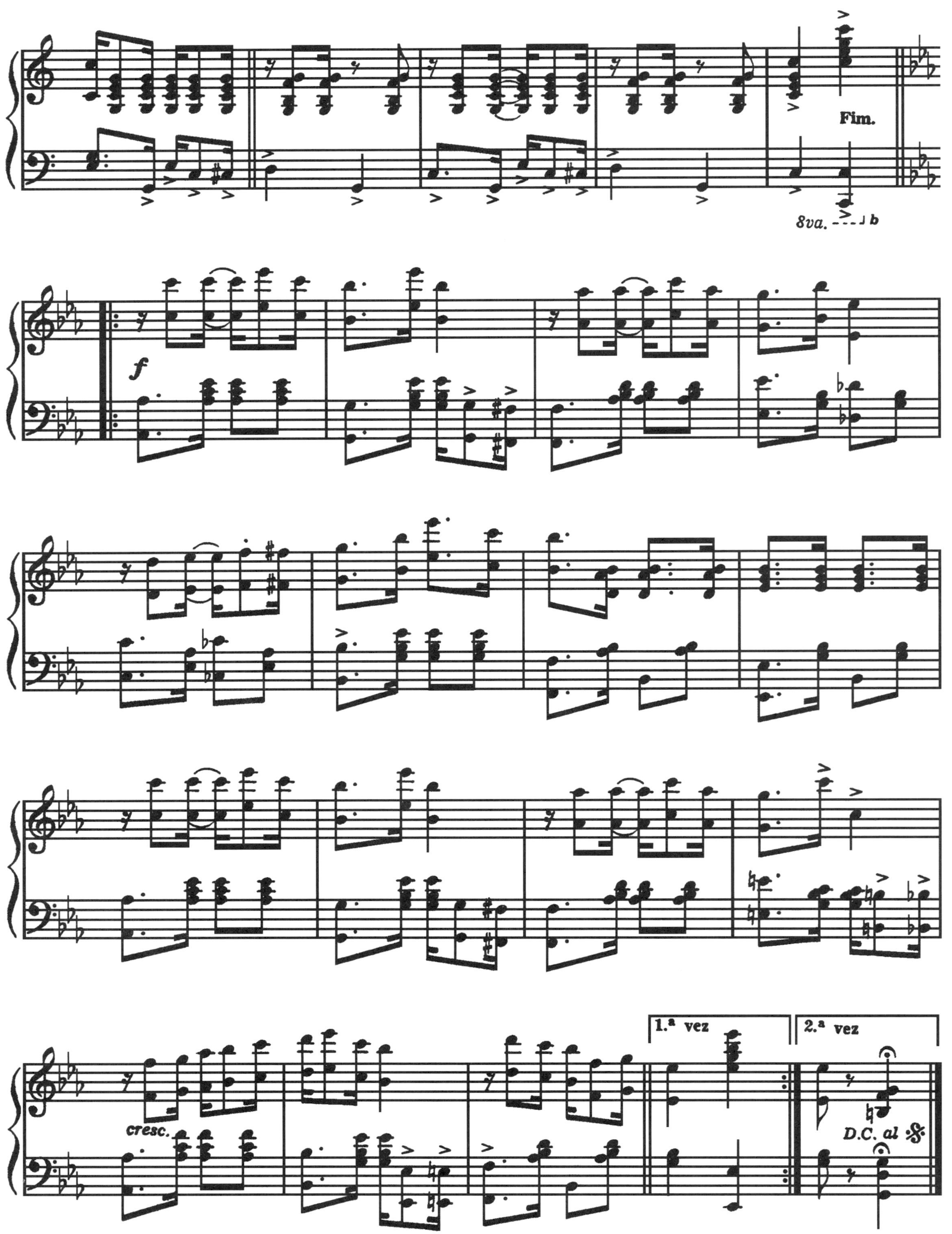

Fim.
8va.
f
cresc.
1.ª vez
2.ª vez
D.C. al

Ao amigo sincero Arnaldo Costa

MATUTO
TANGO

Ernesto Nazareth
1917

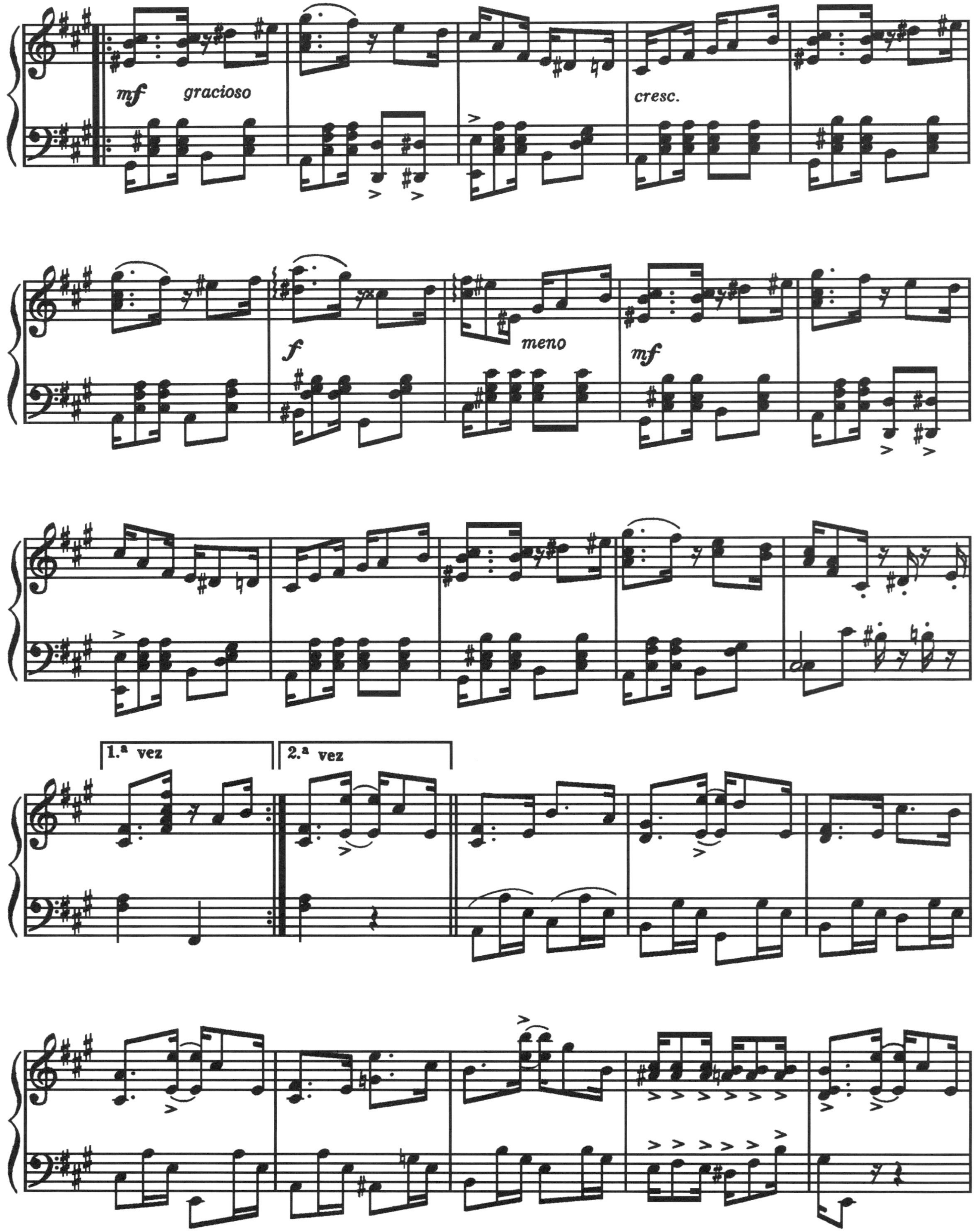

mf
gracioso
cresc.
f
meno
mf
1.ª vez
2.ª vez

mf
cresc.
dim.
8va.
Fim.
com impeto
mf
f
1.ª vez
cresc.
f strepitoso
2.ª vez
D.C. al 𝄋

Ao gentil grêmio "Myosotis"

MYOSOTIS
TANGO

Ernesto Nazareth
1896

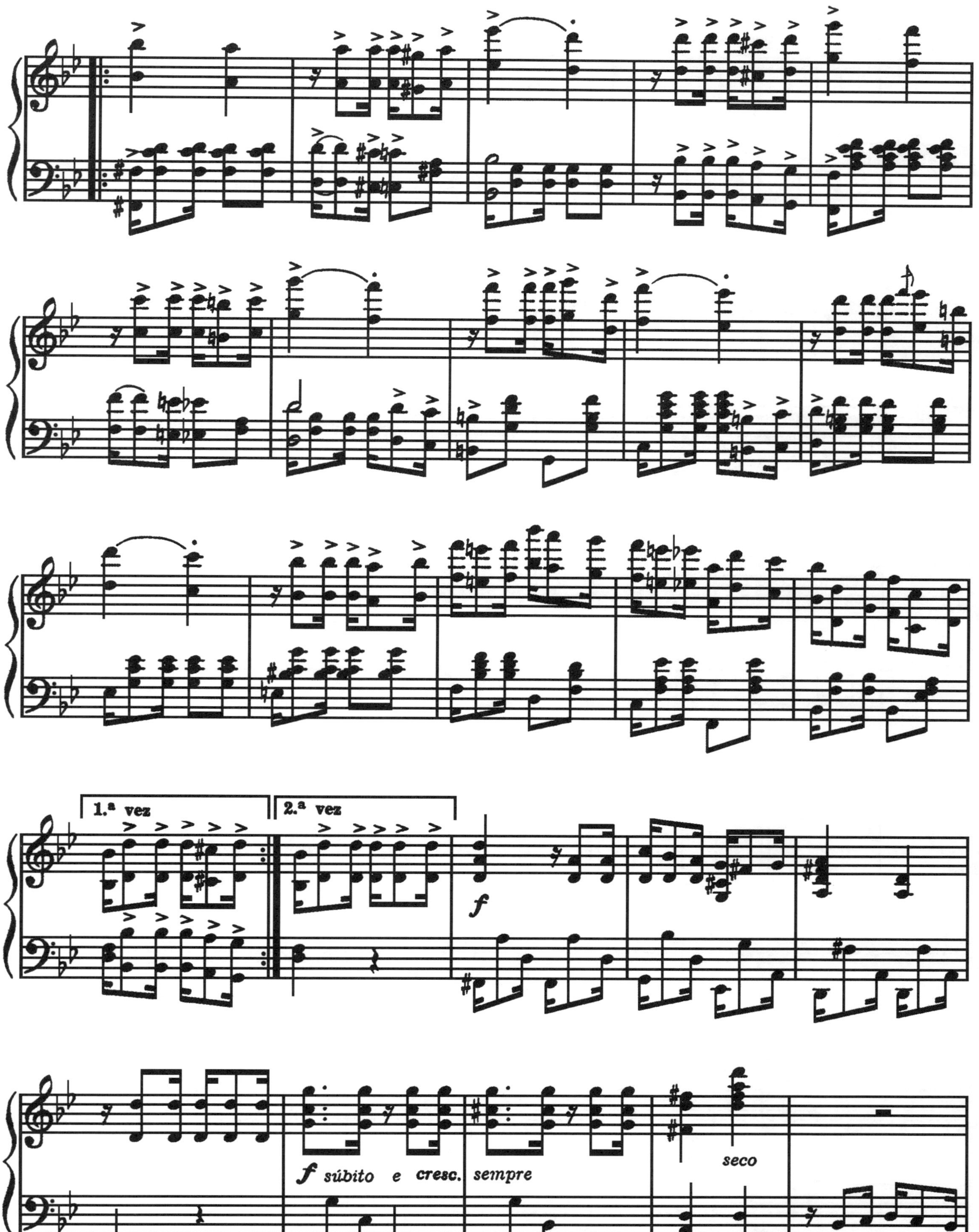

1.ª vez
2.ª vez
f
f súbito e cresc. sempre
seco
8va.
m. d.

108

109

Ao amigo Dr. Jovino Barral da Fonseca

NENÊ
TANGO

Ernesto Nazareth
1894

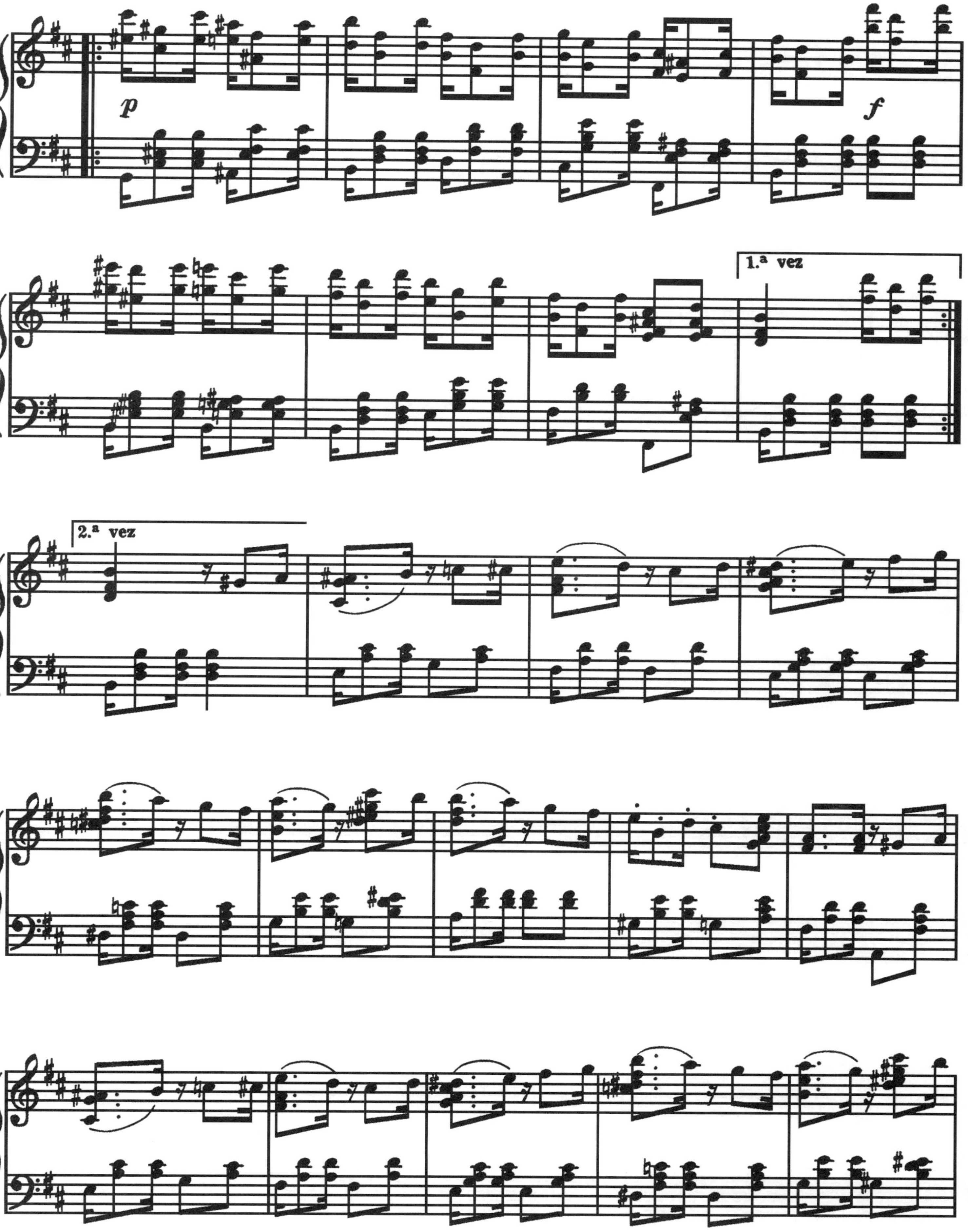
p
f
1.ª vez
2.ª vez

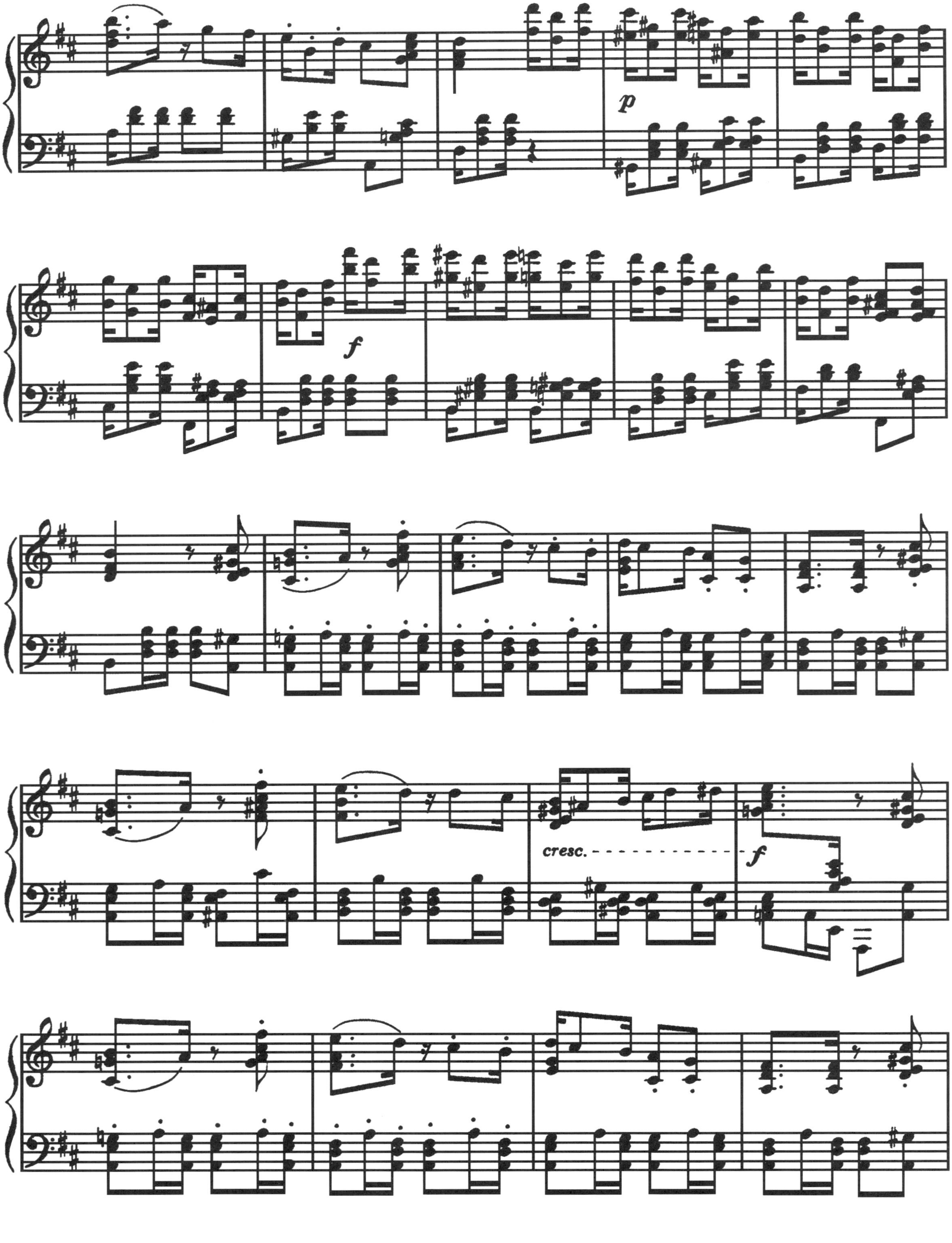
p
f
cresc.
f

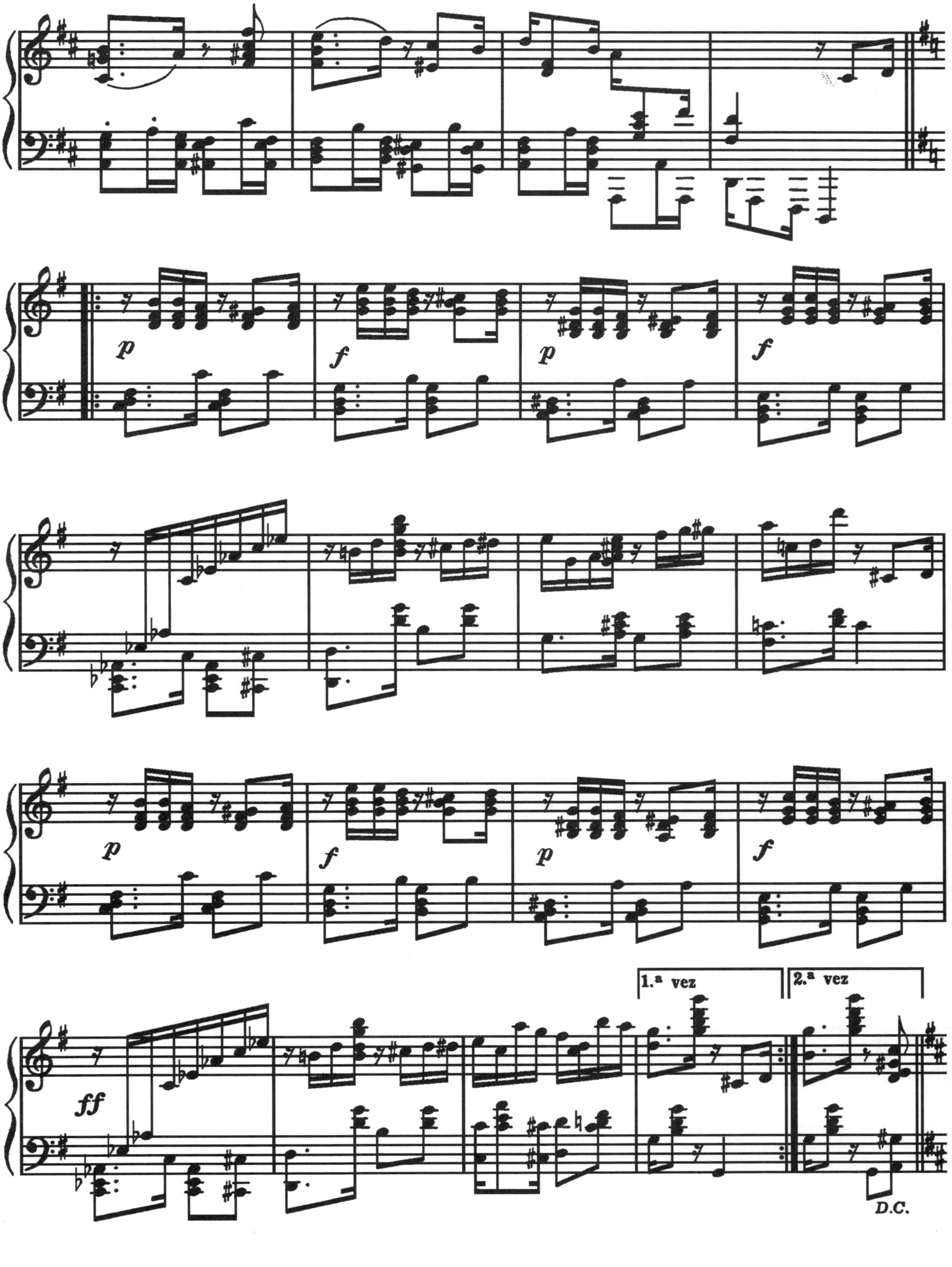
p
f
p
f
p
f
p
f
ff
1.ª vez
2.ª vez
D.C.

Ao amigo Eduardo Madeira

NÃO CAIO N'OUTRA!!!
POLKA

Ernesto Nazareth
1881

© Copyright Domínio Público.

115

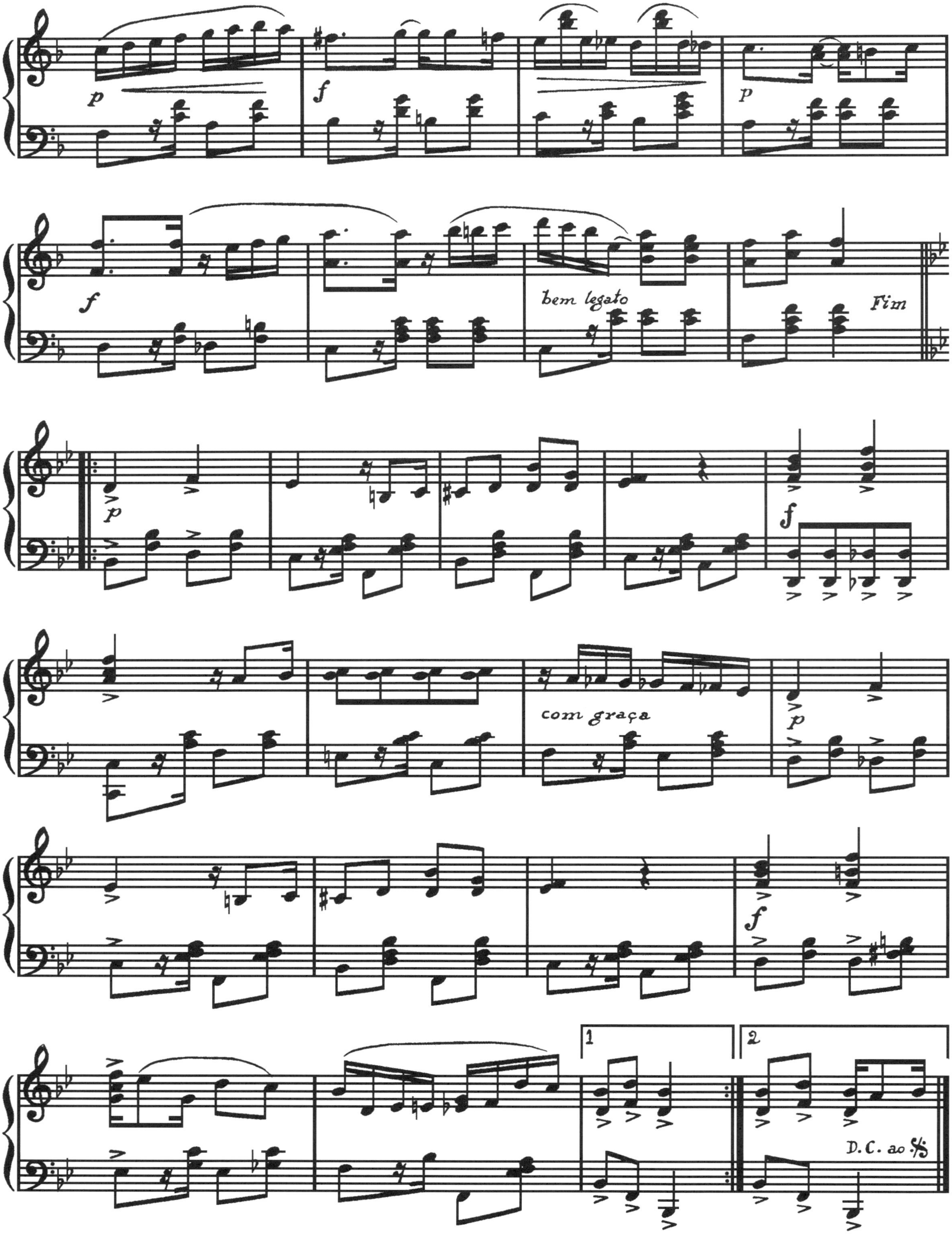
bem legato
Fim
com graça
D.C. ao 𝄋

Ao amigo o Sr. Tenente Henrique de Souza e Mello

NÃO ME FUJAS ASSIM
POLKA

Ernesto Nazareth
1884

Não me fu-jas as - sim
Não me fu-jas as - sim
com graça
p
f
p
f
p
f
Não me fu-jas as - sim
Não me fu-jas as - sim
com graça
p
mf
f
com graça

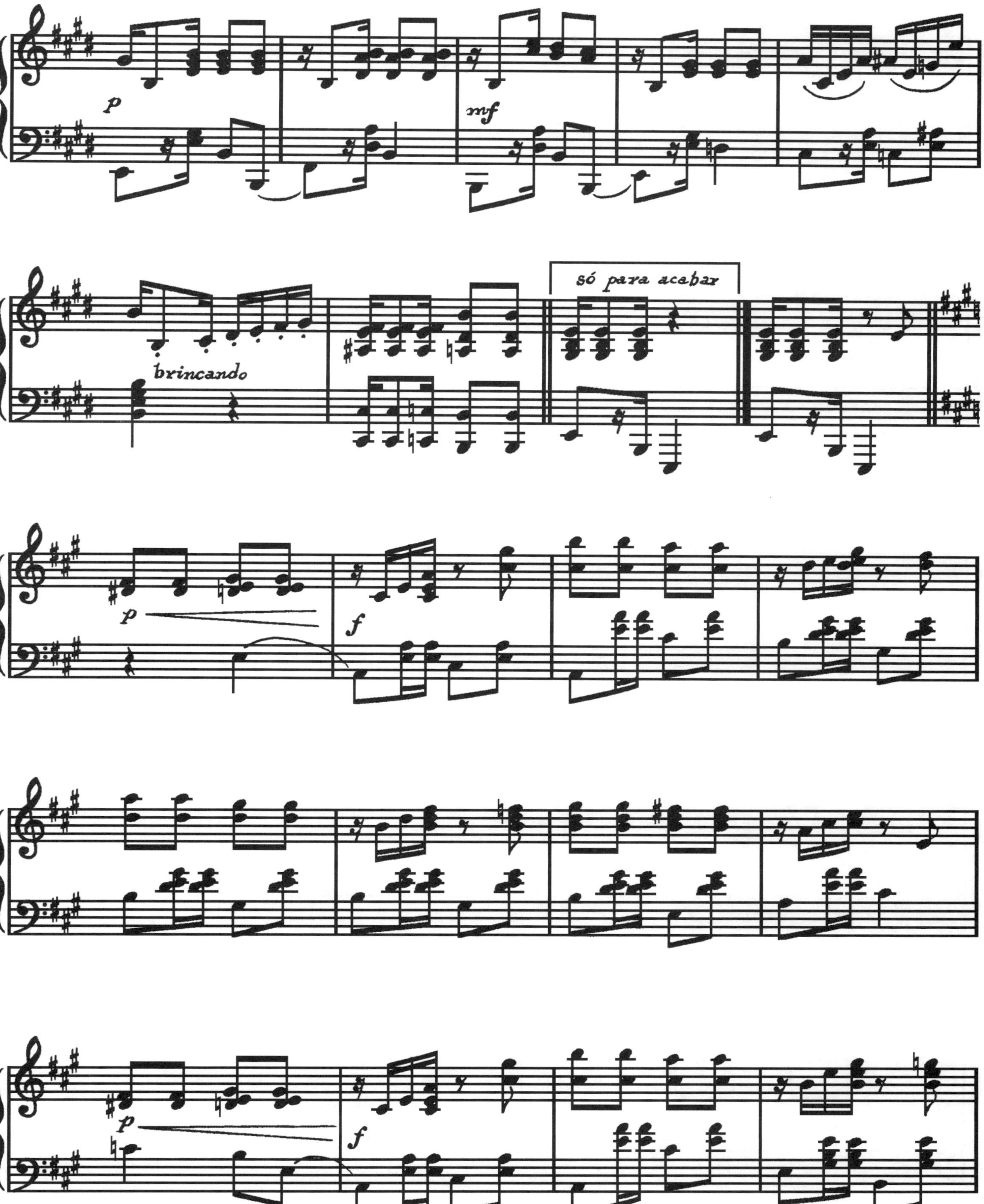
brincando
só para acabar

120

Ao amigo e grande artista Gaspar Magalhães

9 DE JULHO
TANGO ARGENTINO
(Demonstração Genérica)

Ernesto Nazareth
1917

© Copyright Domínio Público.

p delicadissimo
com graça
rit.
a tempo
simples
1.ª vez
2.ª vez
p
al
Fim.
8.ª Baixo
Trio
bem jocoso
Baixo f

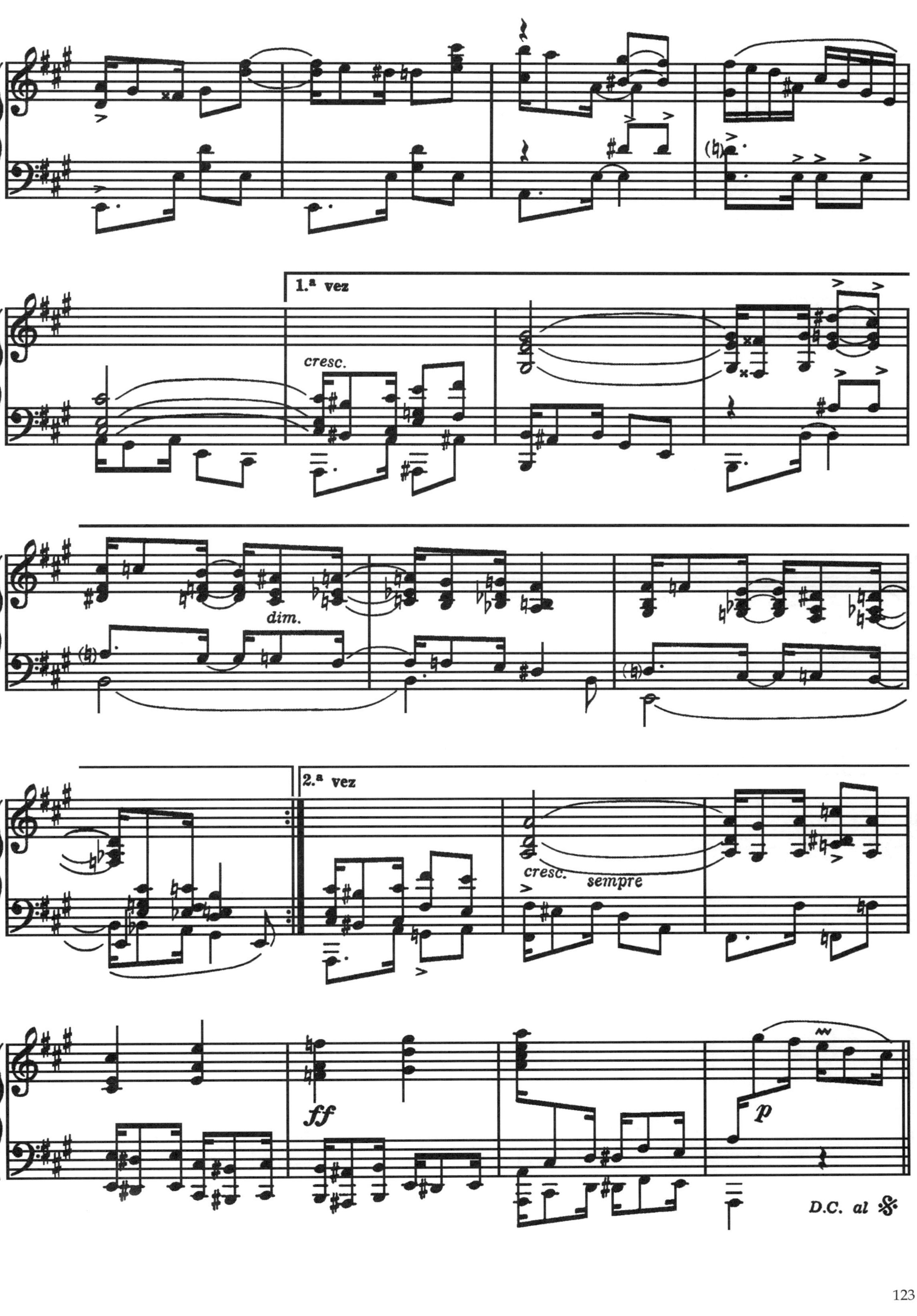
1.ª vez
cresc.
dim.
2.ª vez
cresc. sempre
ff
p
D.C. al

Ao maravilhoso poeta Olavo Bilac

PIERROT
TANGO

Ernesto Nazareth
1915

125

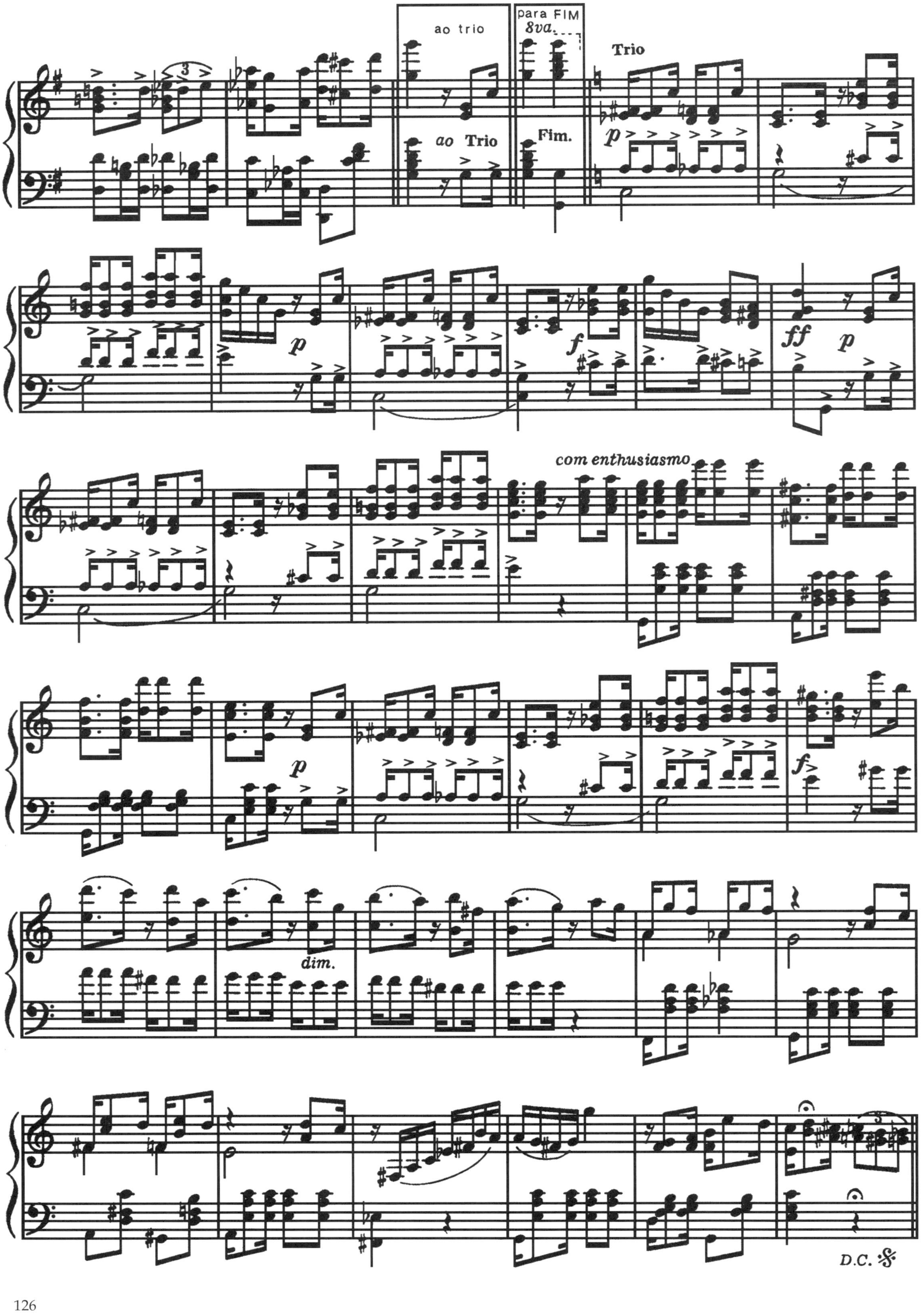
ao trio
para FIM
8va
ao Trio
Fim.
Trio
com enthusiasmo
dim.
D.C.

Ao gracioso Ramiro, dileto filho do particular amigo Edgar D. da Cruz

RAMIRINHO
TANGO

Ernesto Nazareth
1896

© Copyright Domínio Público.

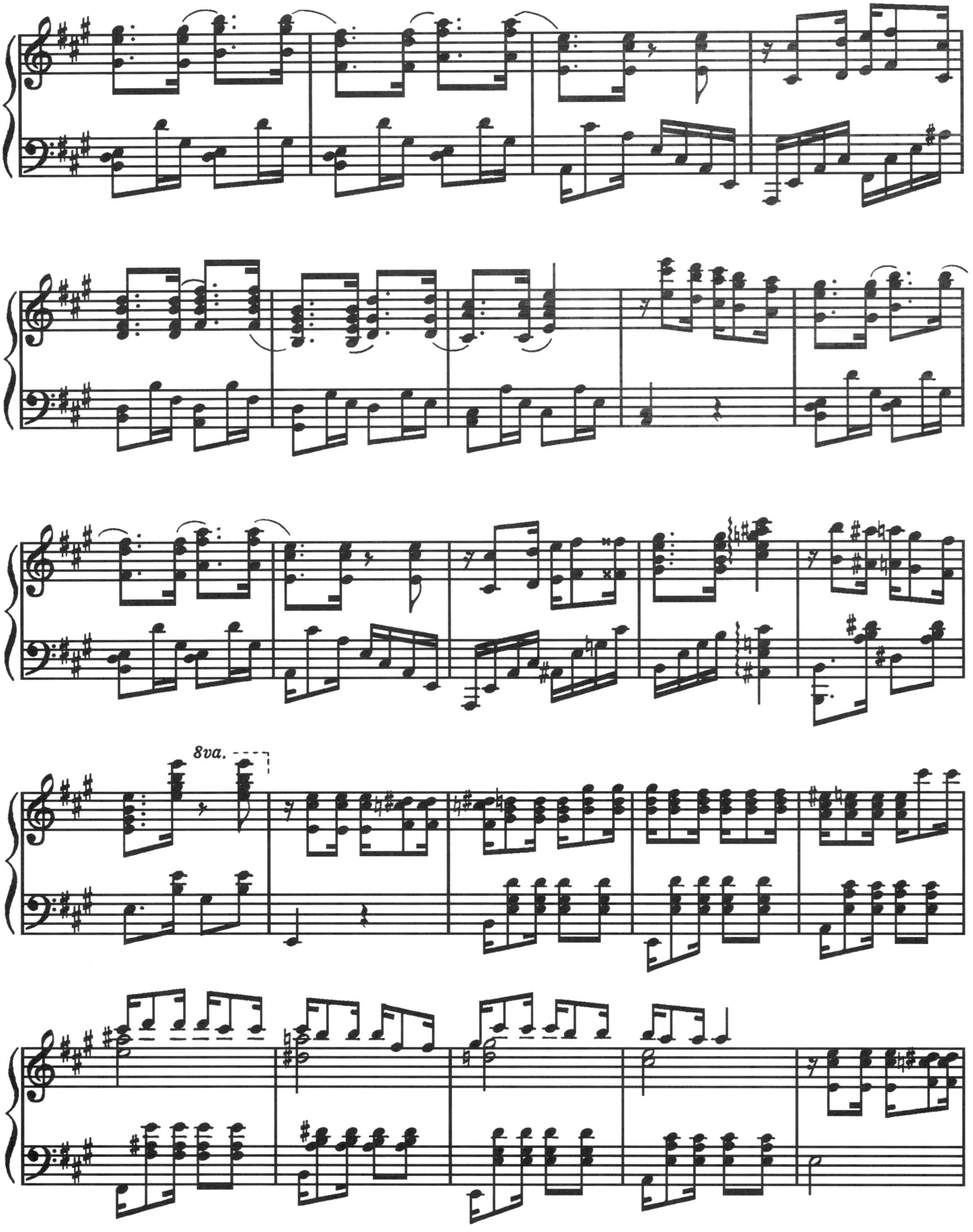
8va.

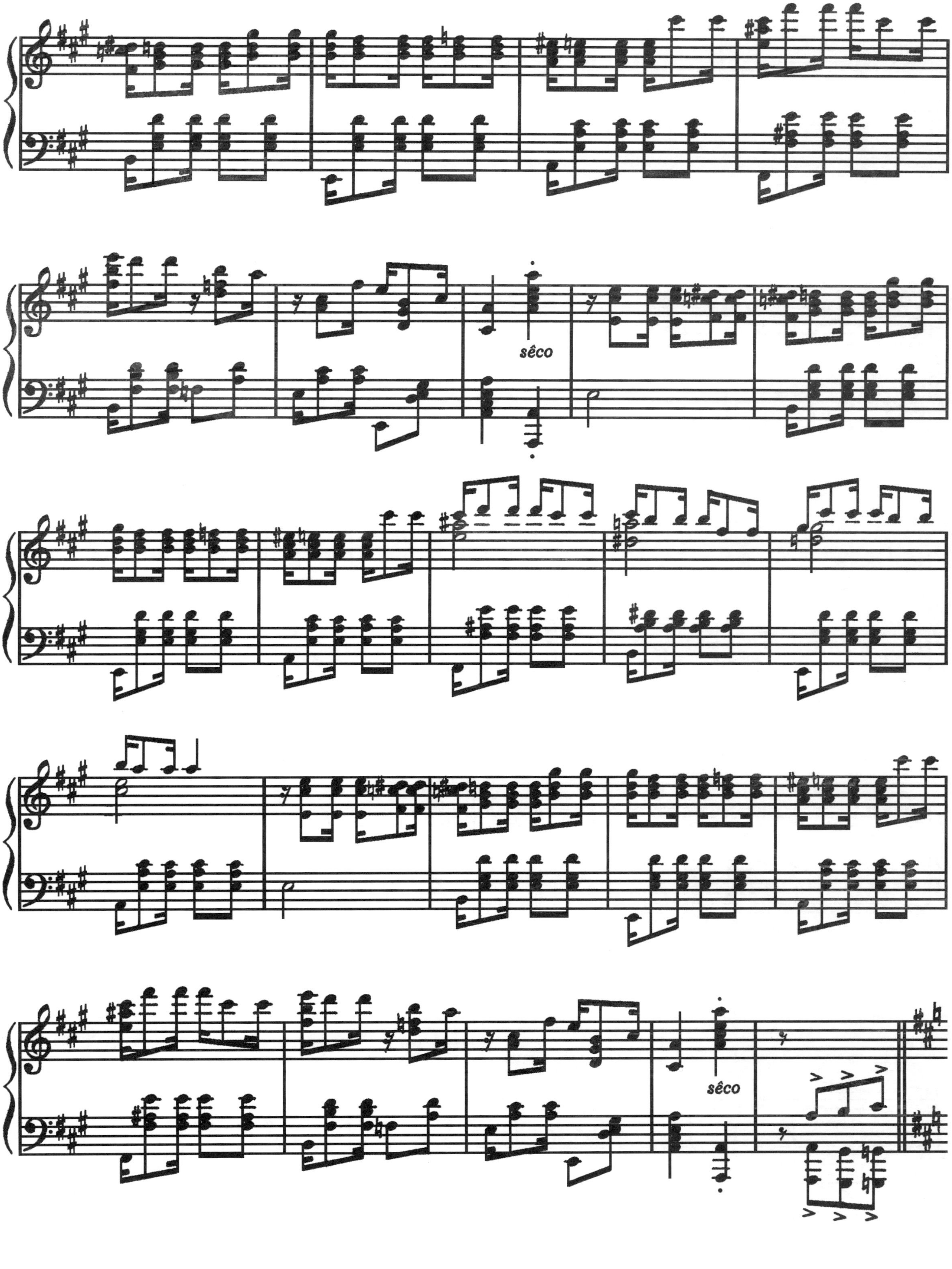
sêco
sêco

130

131

132

Ao ator Leopoldo Fróes

RANZINZA
TANGO

Ernesto Nazareth
1917

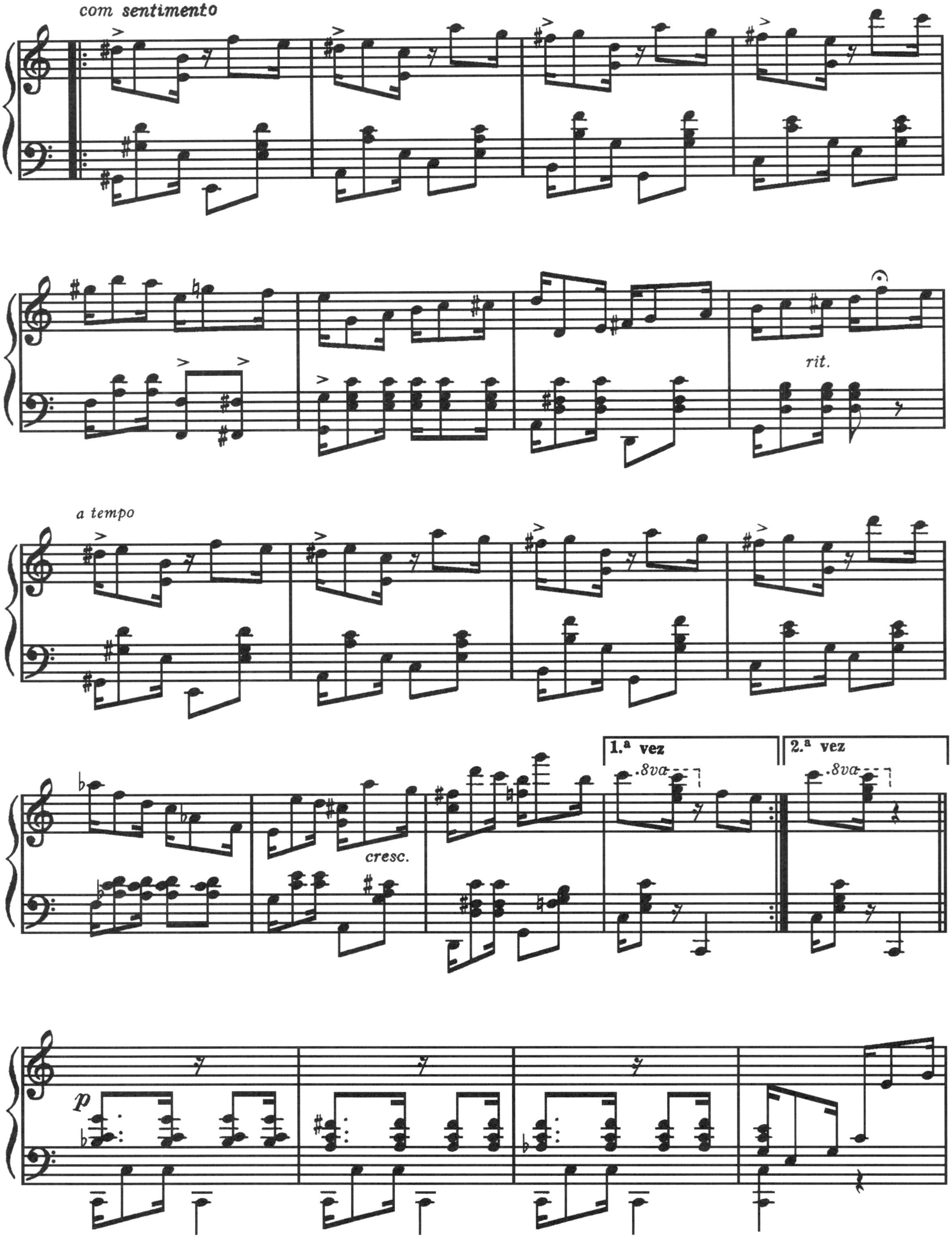
com sentimento
rit.
a tempo
1.ª vez
2.ª vez
8va
8va
cresc.
p

135

À Casa Arthur Napoleão e Luiz Francisco Leal

REBOLIÇO
TANGO

Ernesto Nazareth
1913

Com graça

© Copyright Domínio Público.

137

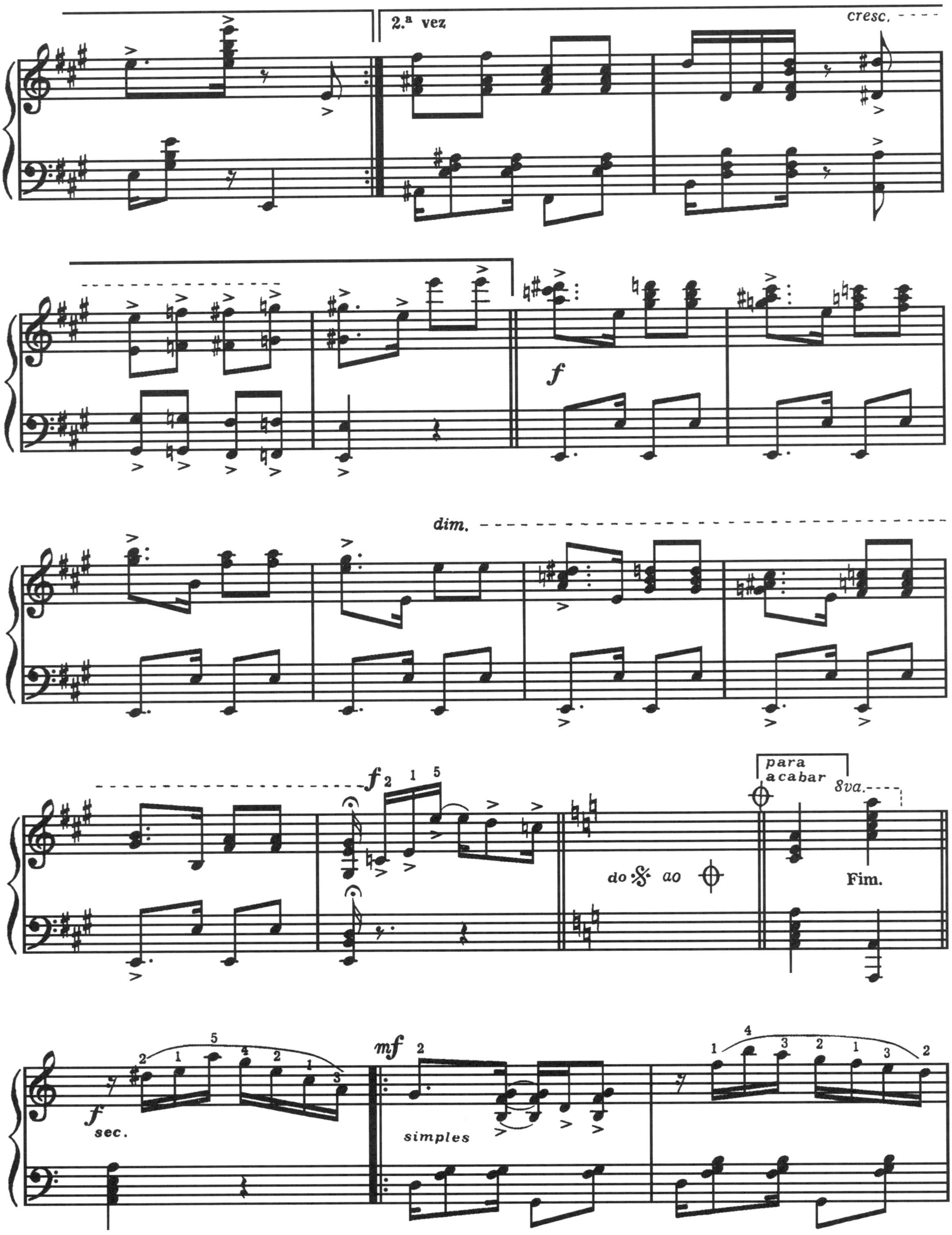
2.ª vez
cresc.
f
dim.
f
para acabar
8va.
do 𝄋 ao 𝄌
Fim.
f
sec.
mf
simples

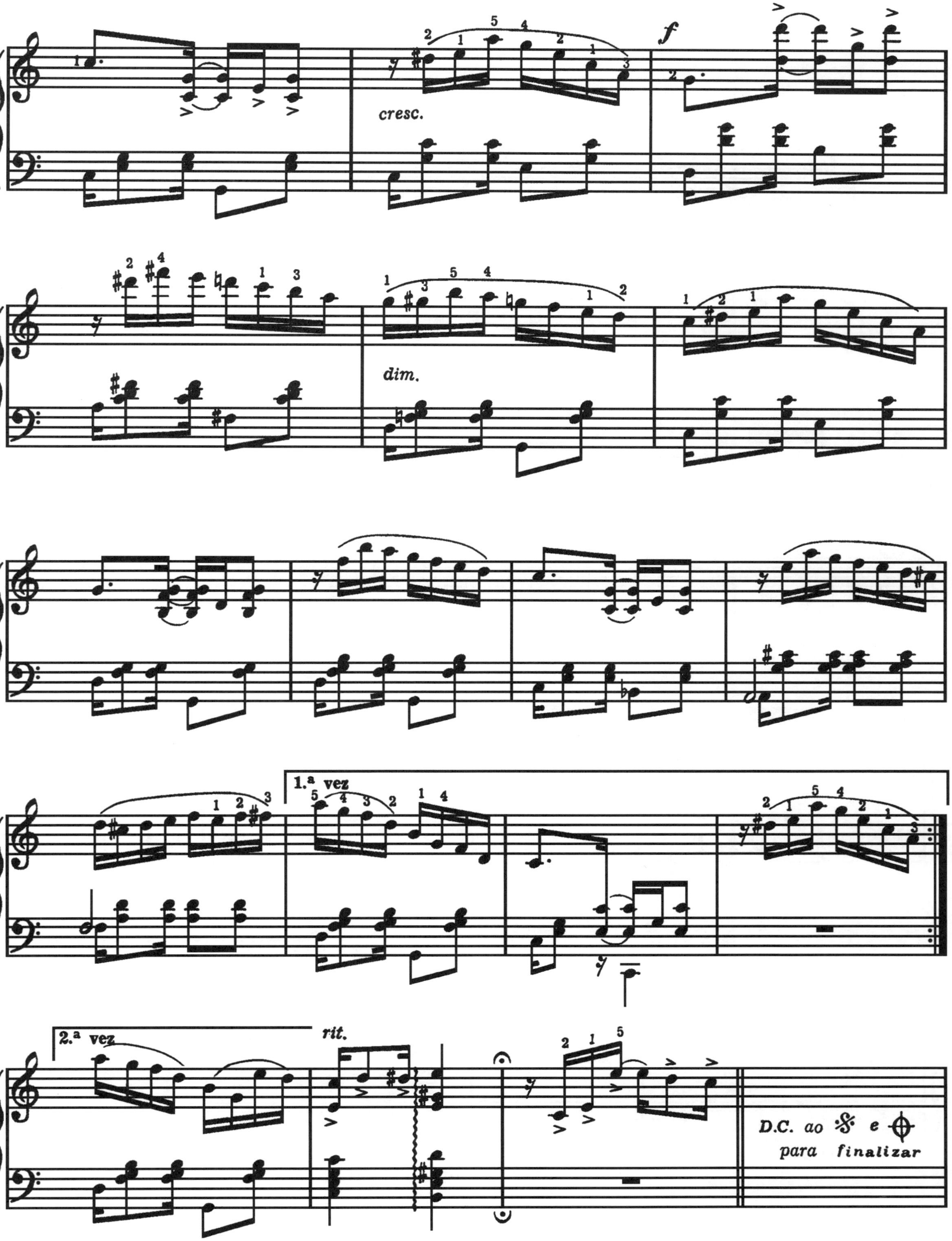
cresc.
dim.
1.ª vez
2.ª vez
rit.
D.C. ao 𝄋 e 𝄌
para finalizar

Ao bom amigo Ulysses Bellem

SAGAZ
TANGO BRASILEIRO

Ernesto Nazareth
1914

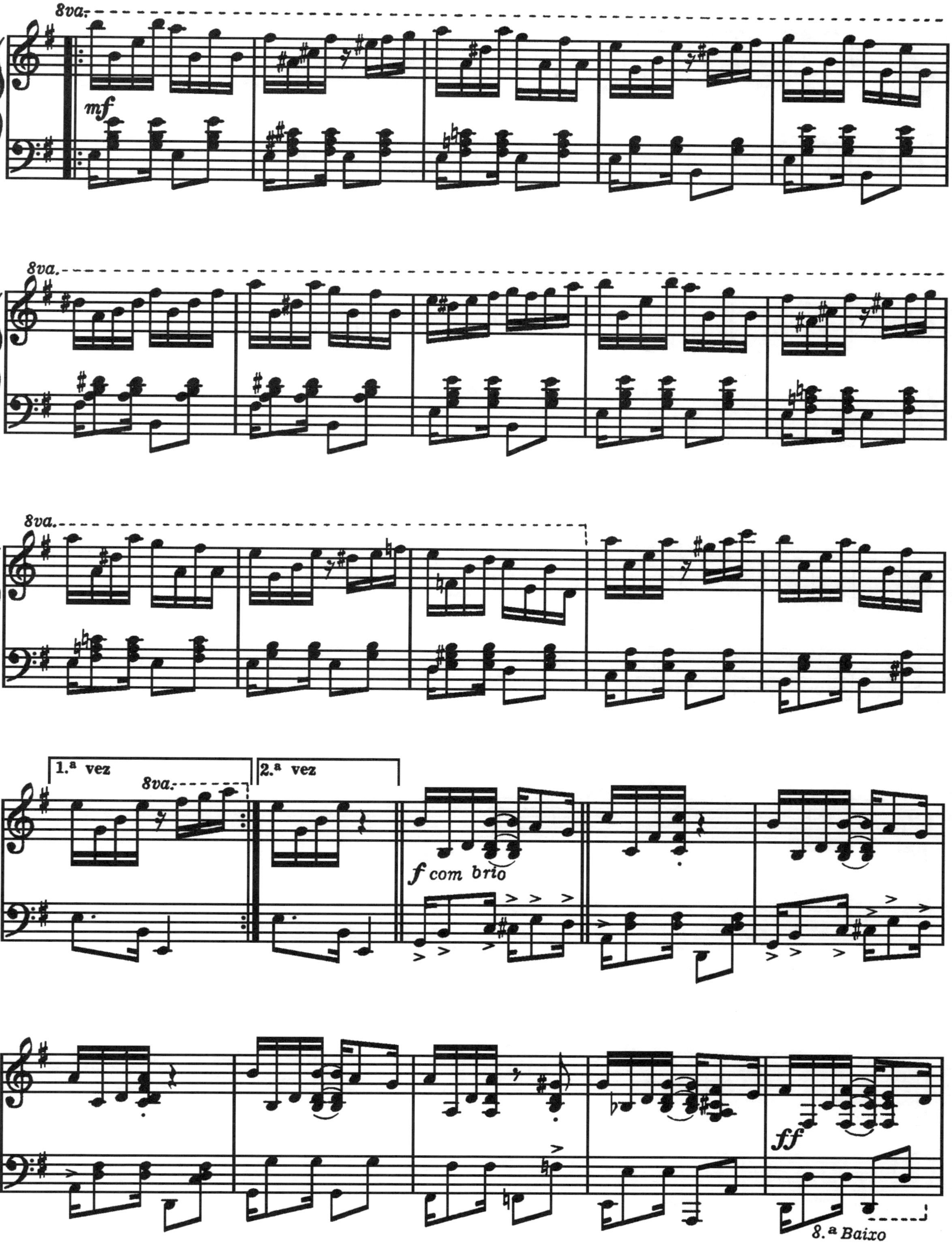
8va.
mf
8va.
8va.
1.a vez
8va.
2.a vez
f com brio
ff
8.a Baixo

142

Ao distinto amigo Roberto Martin

SARAMBEQUE
TANGO

Ernesto Nazareth
1916

© Copyright Domínio Público.

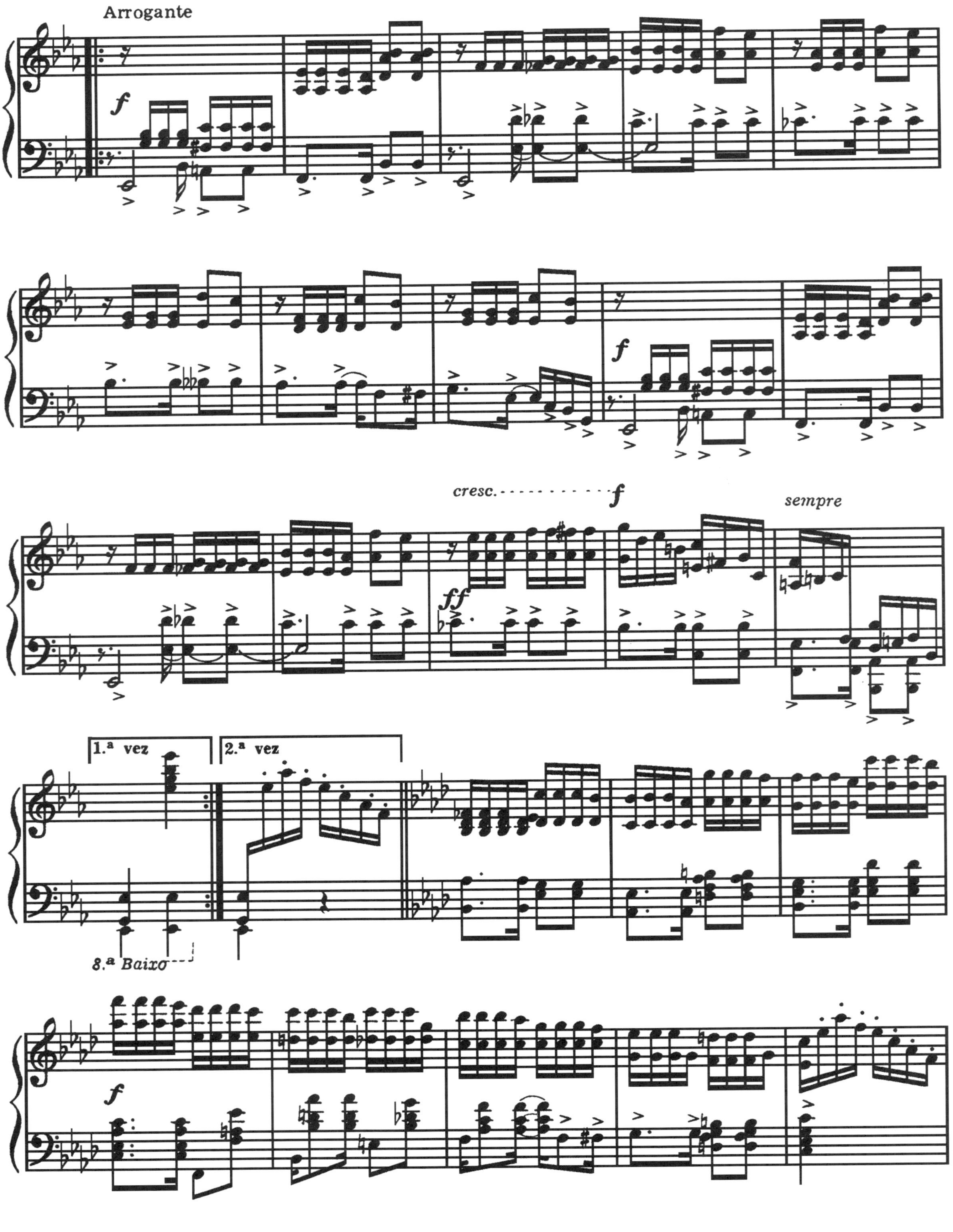
Arrogante
f
cresc.
f
sempre
ff
1.ª vez
2.ª vez
8.ª Baixo
f

ff
menos
Trio
bem misturado
f
p
f
8va.
1.ª vez
2.ª vez
cresc.
ff
D.C. al 𝄋

A meu filhinho Diniz de Nazareth

SEGREDO
TANGO

Ernesto Nazareth
1896

© Copyright Domínio Público.

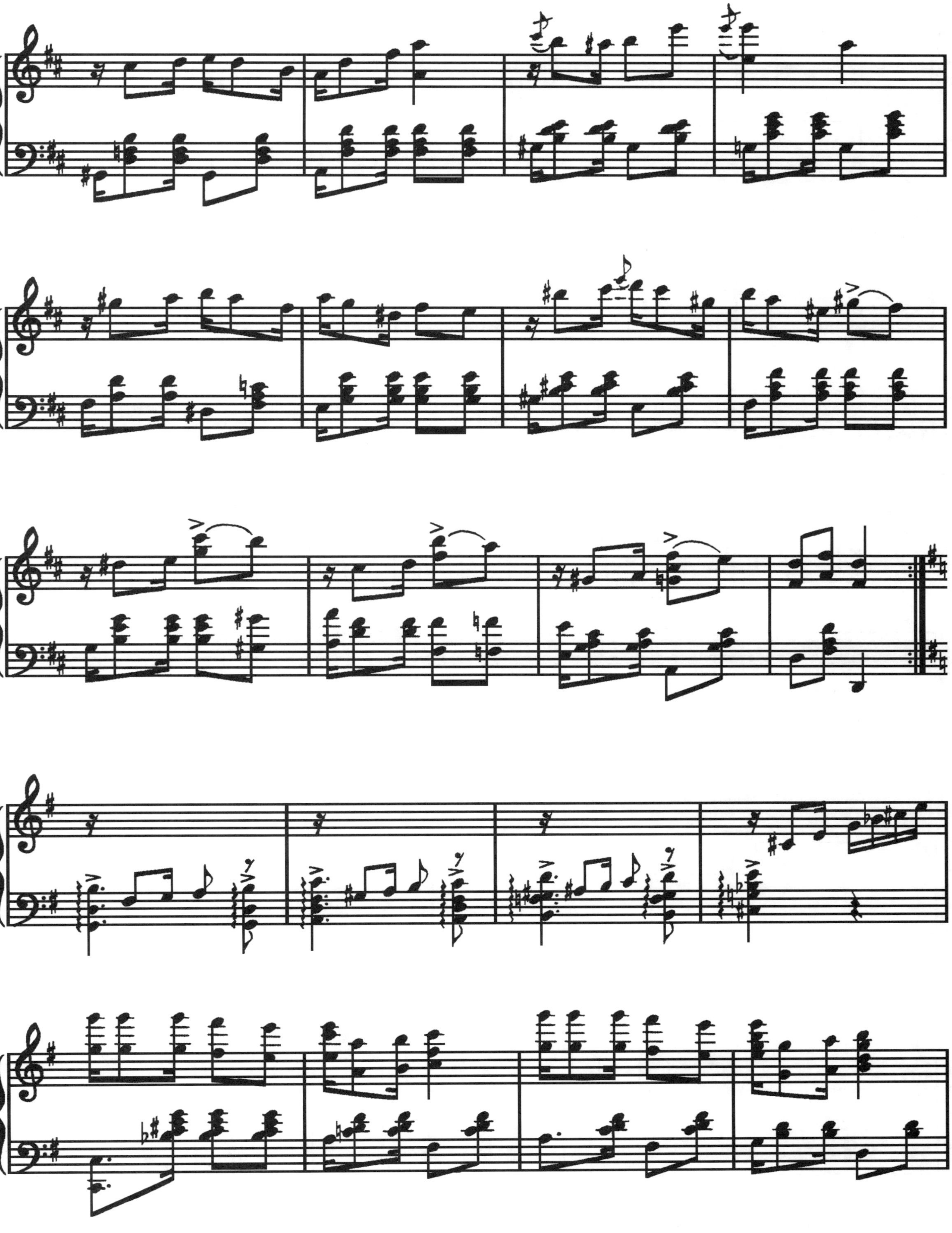

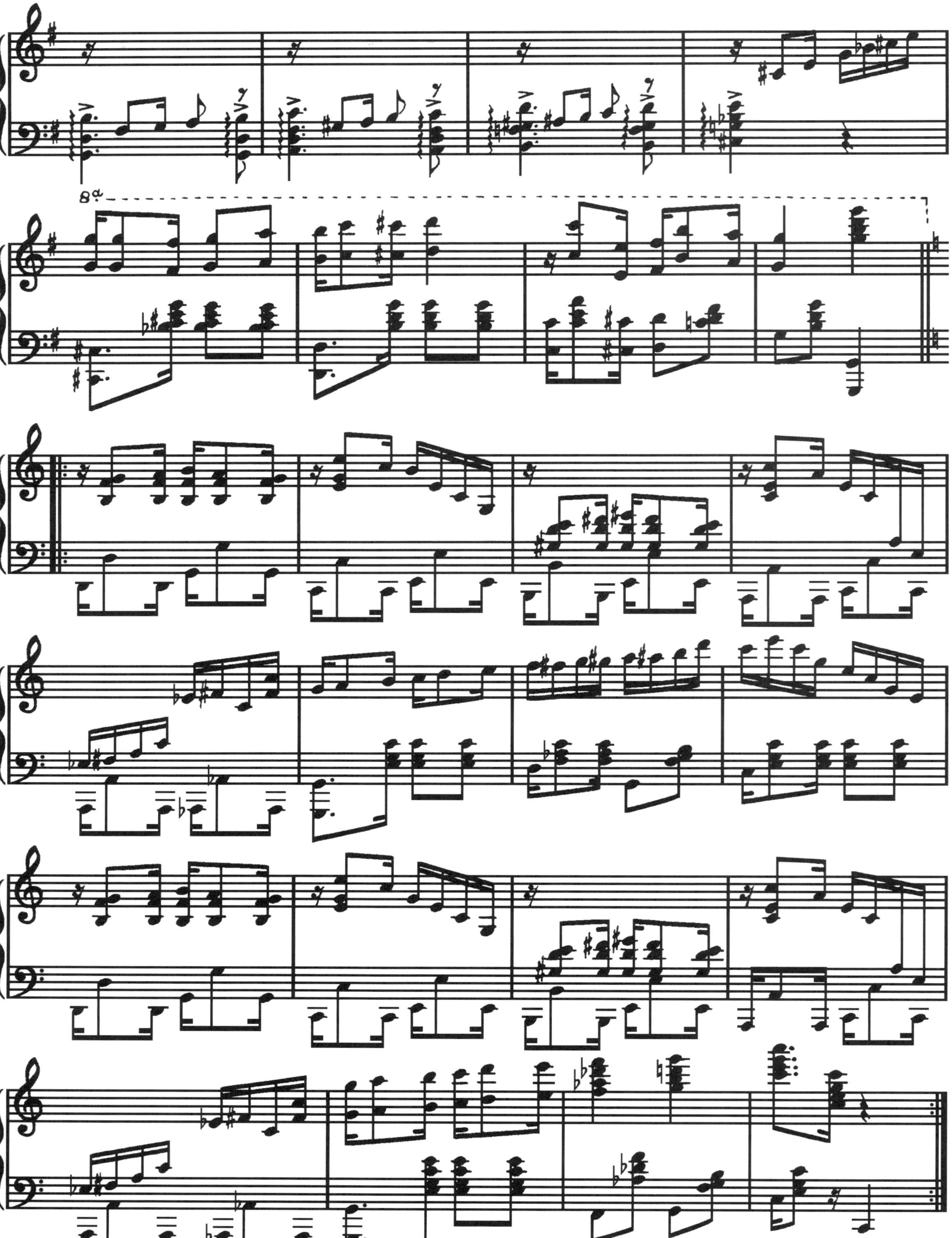
8ª

Ao velho amigo maestro Antonio Tavares

SUSTENTA A... NOTA...
TANGO CARACTERÍSTICO

Ernesto Nazareth
1919

Só p/ acabar
8ª
ff
Fine.
Bem misturado
mf
f e sec.
p
f e sec.
p
mf
Este compasso é especial para passar ao ⊕ na 1ª parte.
rit.
TRIO
f a tempo

Dal S al ⊕ e poi Fine.

Ao Henrique Pinto de Lima

TALISMAN
TANGO

Revisão, dedilhado e pedalização
do maestro Gaó

Ernesto Nazareth
1914

© Copyright Domínio Público.

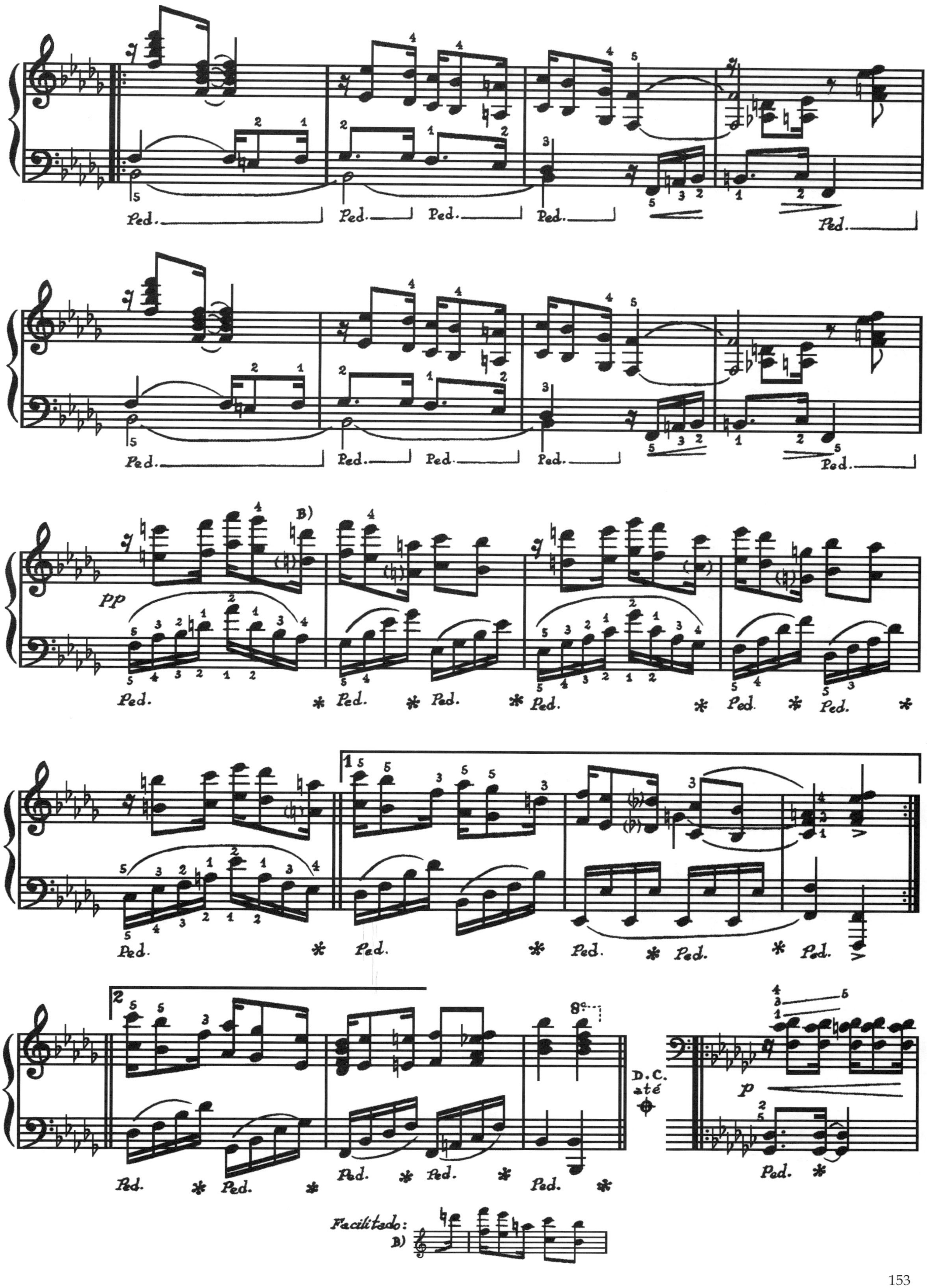
Ped.
pp
B)
D.C. até
p
Facilitado:

154

Ao bom e velho amigo Satyro Bilhar

TENEBROSO
TANGO

Revisão, dedilhado e pedalização
do maestro Gaó

Ernesto Nazareth
1913

© Copyright Domínio Público.

B) Bem pronunciadas as notas do baixo, procurando imitar o violão.

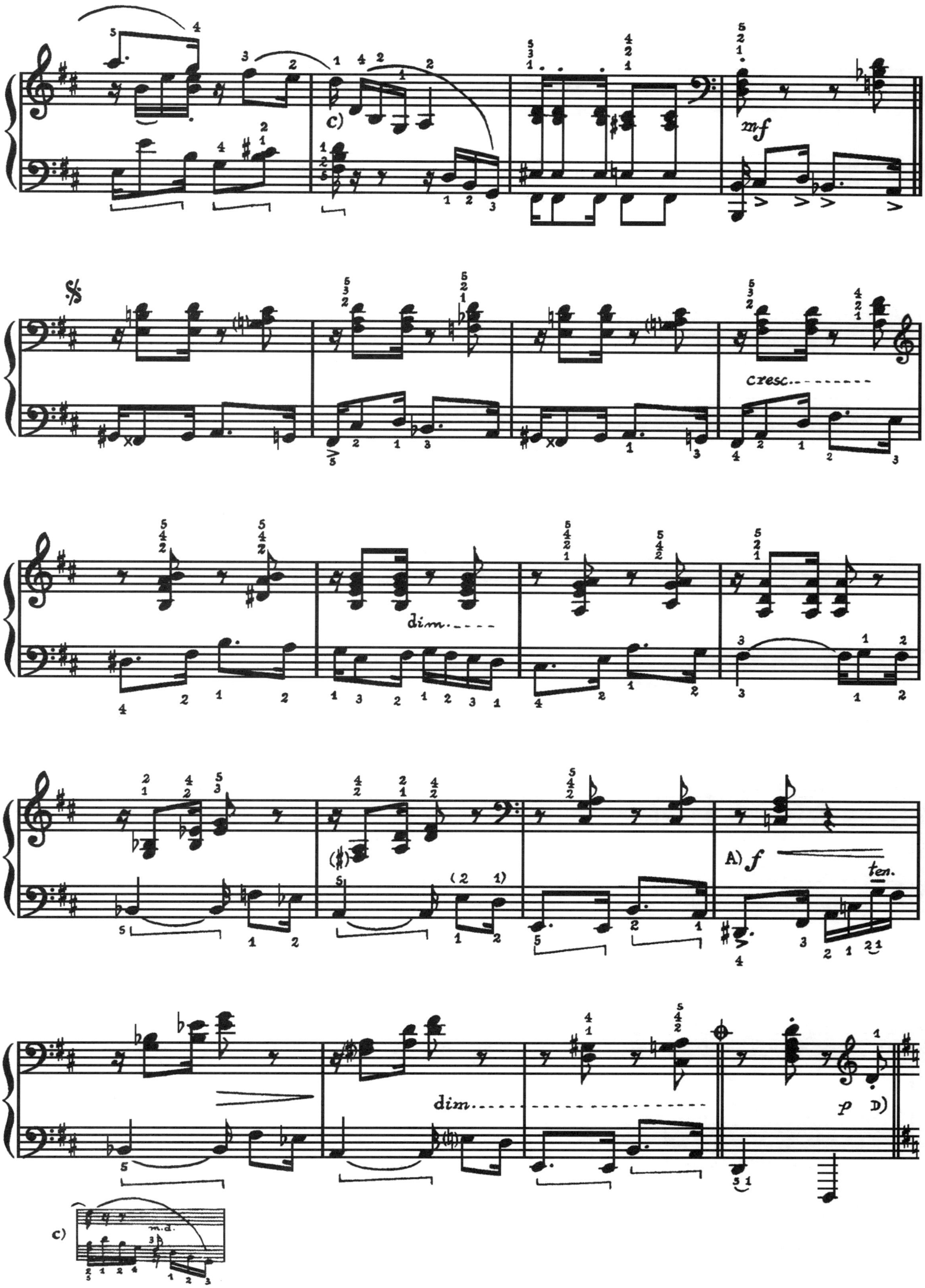
c)
mf
cresc.
dim.
A) f
ten.
dim.
p D)
c)
m.d.

158

A meu filho Ernesto Nazareth Filho

TRAVÊSSO
TANGO

Ernesto Nazareth
1912

© Copyright Domínio Público.

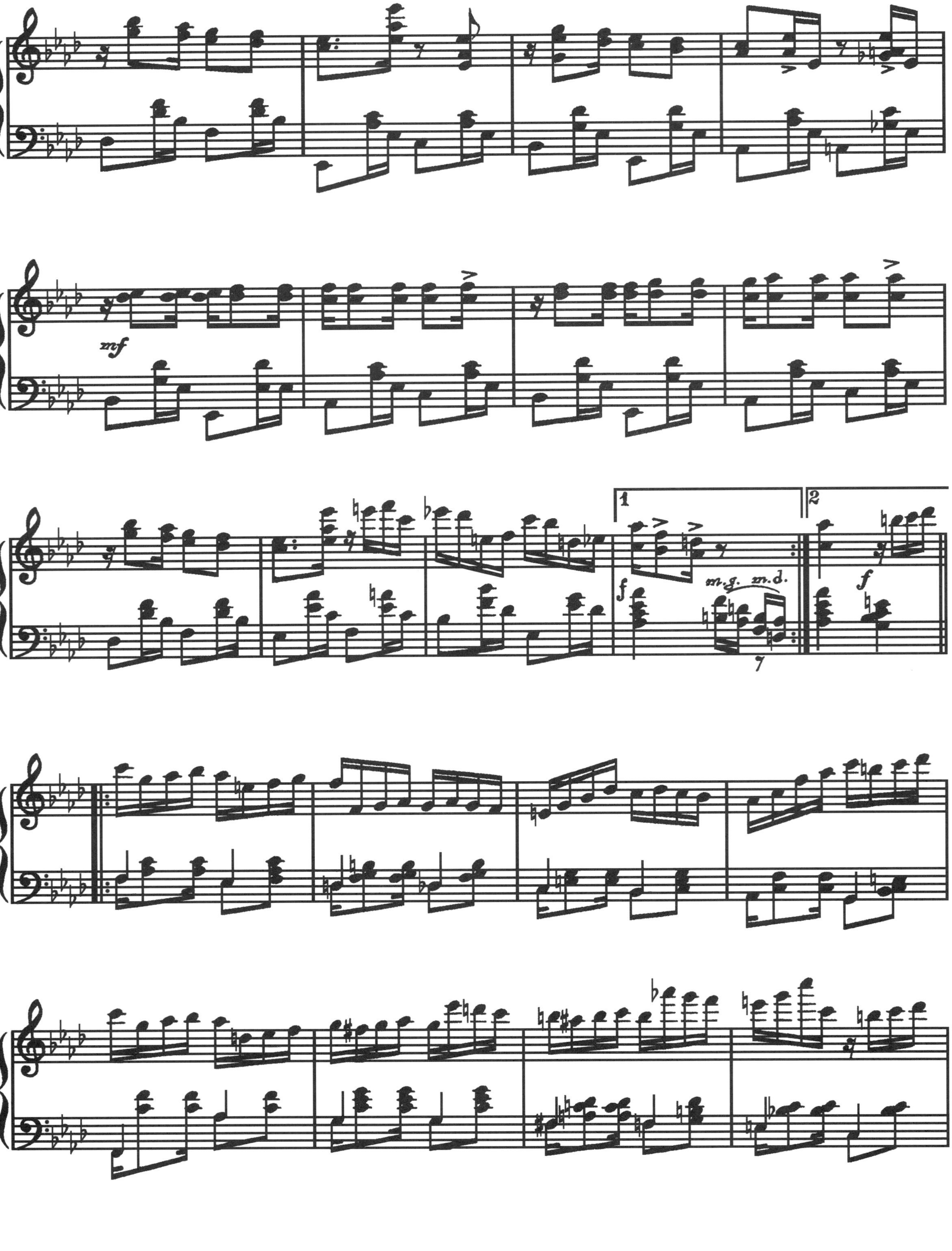
mf
1
2
f
m.g.
m.d.
7

161

Ao amigo Luiz Stampa

TUPINAMBÁ
TANGO

Ernesto Nazareth
1916

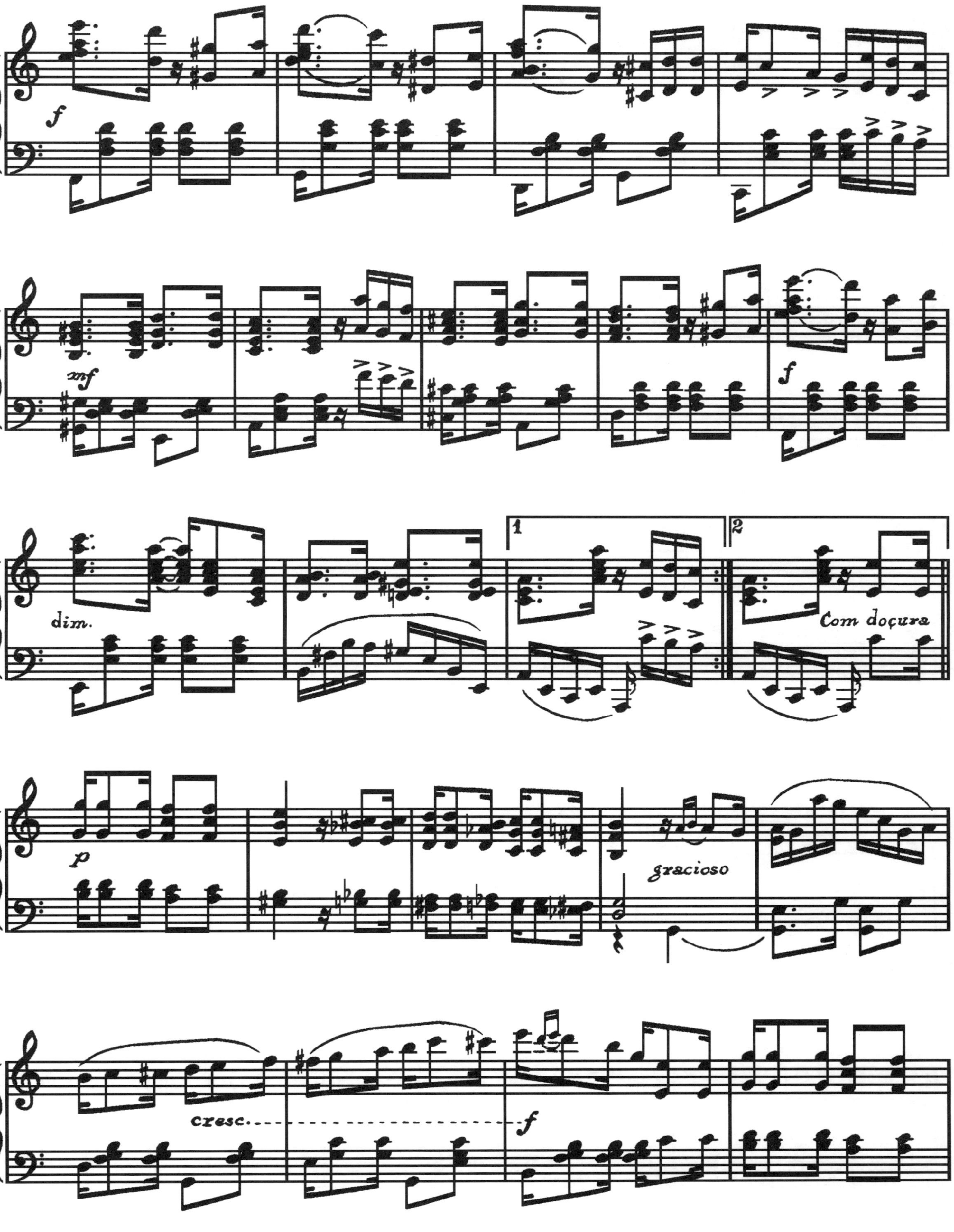
f
mf
f
dim.
1
2
Com doçura
p
gracioso
cresc.
f

Com mimo
Só para acabar
8a
rit.
Fim.
TRIO
Bem misturado
Com influencia
mf
cresc. f
sempre f
1
2
D.C. al 𝄋

Ao Grupo de Regatas Gragoatá

VESPER
VALSA

Ernesto Nazareth
1914

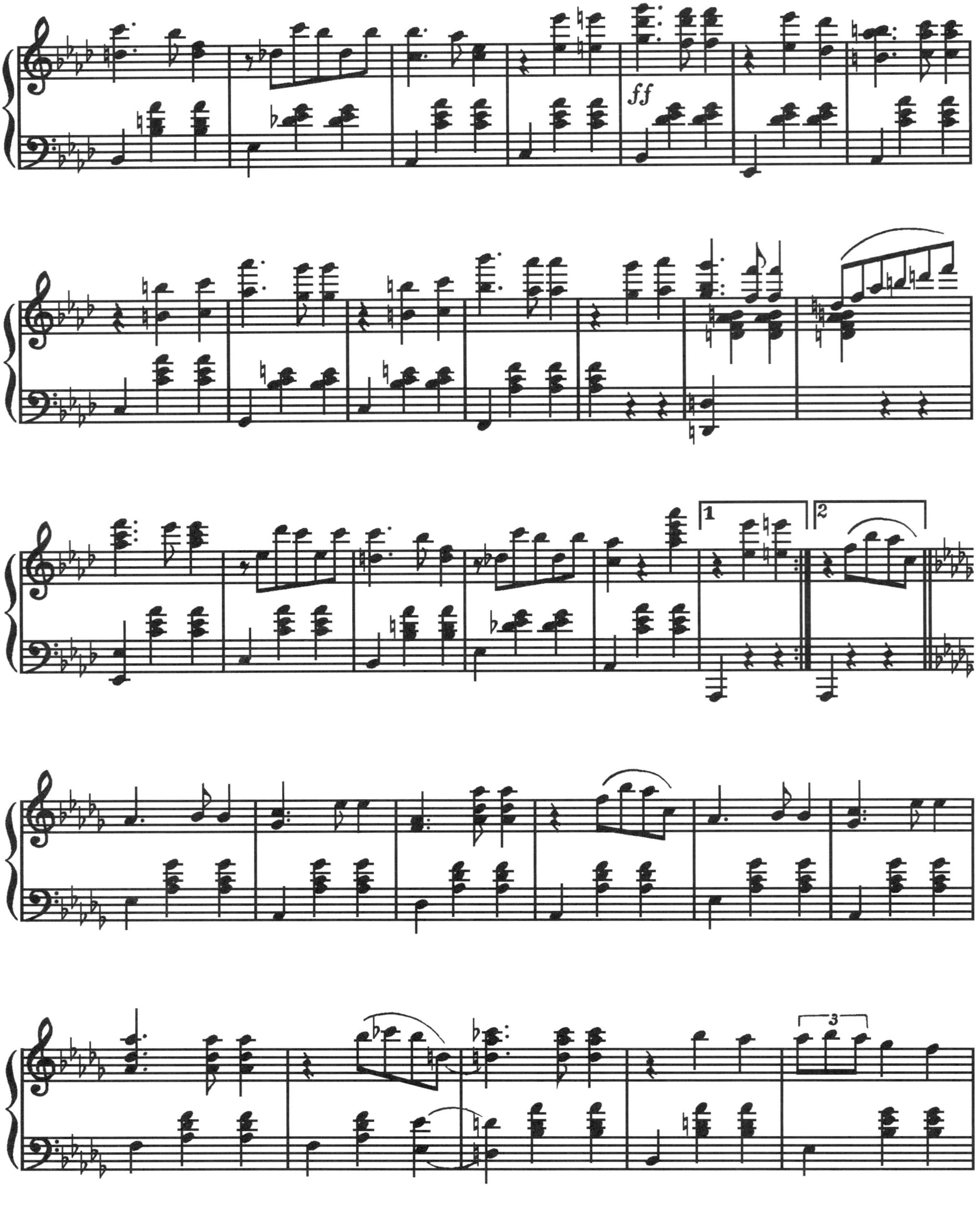
ff

com sentimento

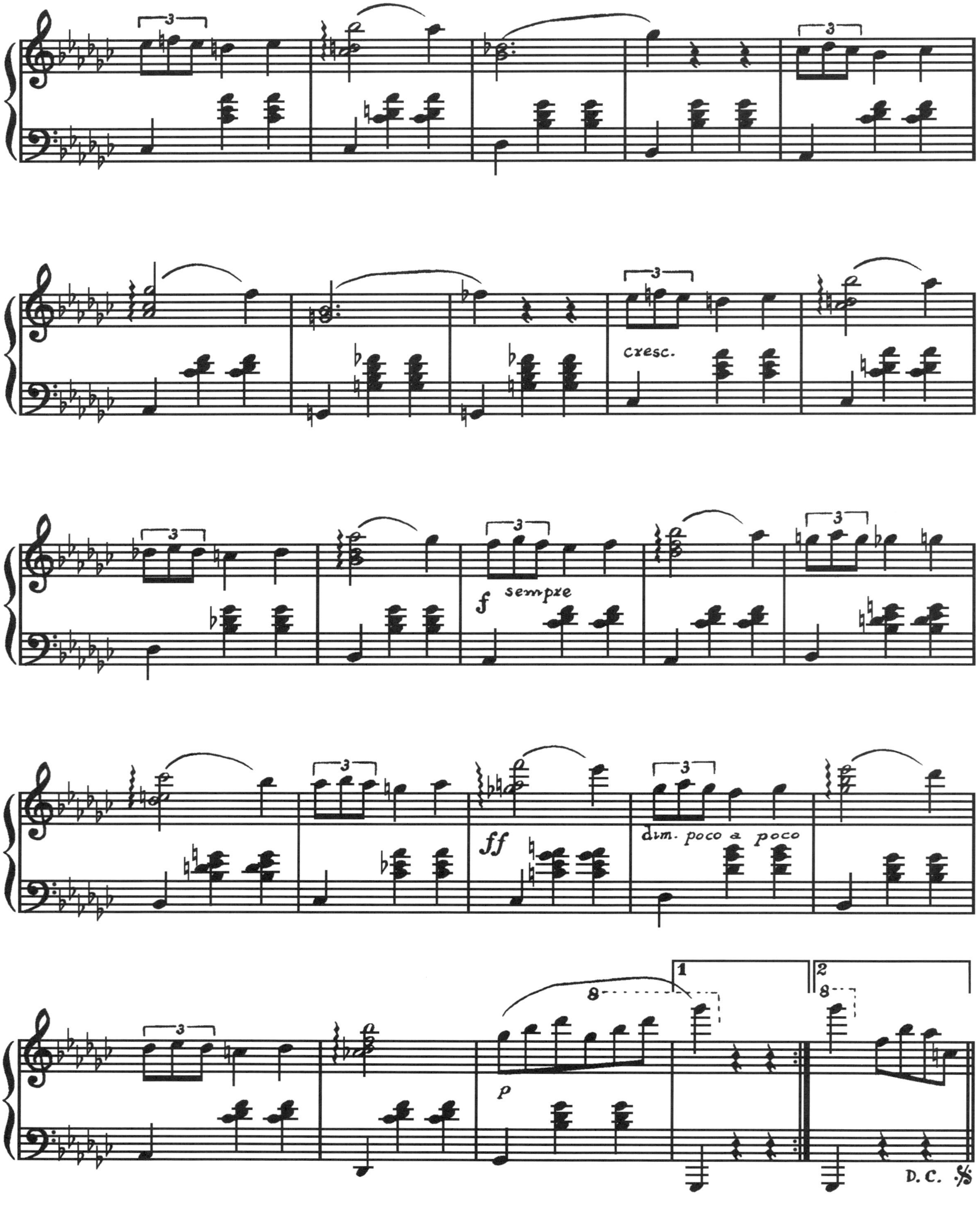
cresc.
f sempre
ff
dim. poco a poco
p
1
2
D. C. 𝄋

A meu pai o Sr. Vasco Lourenço da Silva Nazareth

VOCÊ BEM SABE!
POLKA-LUNDÚ

Primeira composição - composta e editada pela Casa Arthur Napoleão em 1877 quando o autor tinha 14 anos de idade.

Ernesto Nazareth
1877

© Copyright Domínio Público.

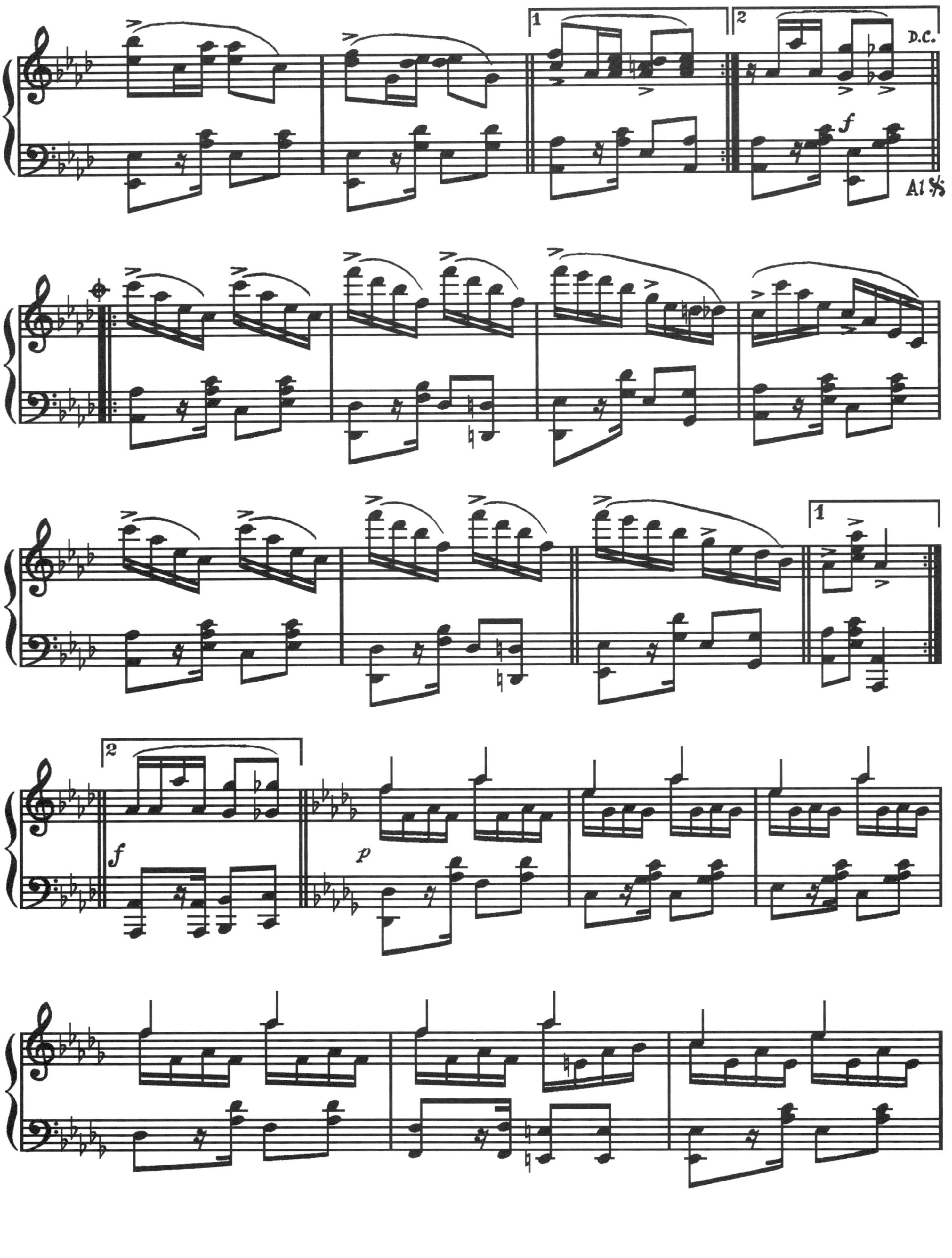
D.C.
Al

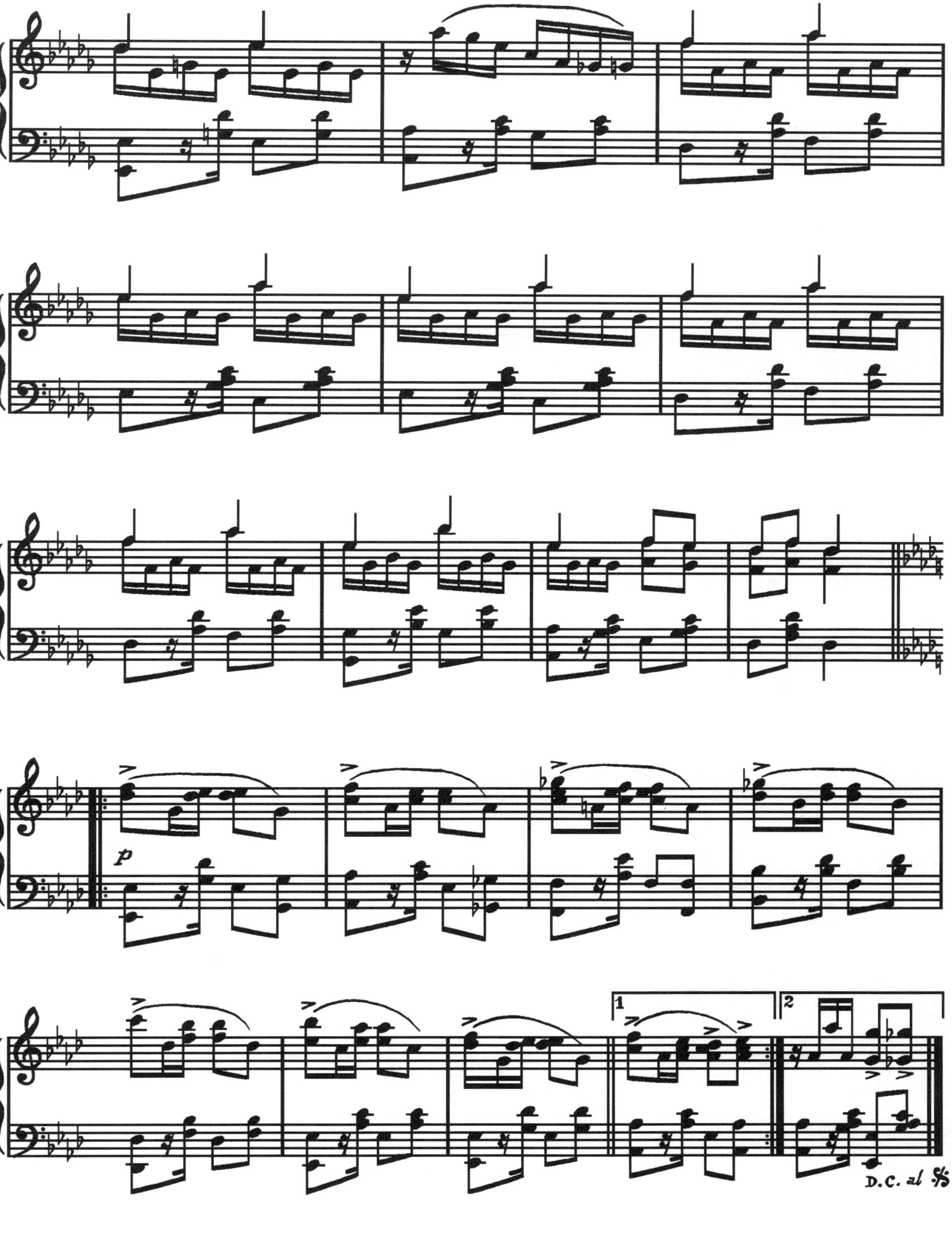
p
1
2
D.C. al 𝄋

Ao grande pianista João Portaro

ZÊNITE
TANGO

Revisão, dedilhado e pedalização
do maestro Gaó

Ernesto Nazareth
1926

© Copyright Domínio Público.

173

(Preparação para voltar à 1ª Parte)

Do %S ao ⊕ Fim

CENTENÁRIO

NAZARETH
20·3·1963

CATULLO
8·10·1963

HOMENAGEM

COMISSÃO NACIONAL PRÓ COMEMORAÇÃO DO 1º CENTENÁRIO DE NASCIMENTO DE ERNESTO NAZARETH E CATULLO DA PAIXÃO CEARENSE • SECRETARIA DE ESTADO DE CERTAMES E TURISMO DA GUANABARA • ESCOLA NACIONAL DE MÚSICA DA UNIVERSIDADE DO BRASIL • MUSEU NACIONAL DE BELAS ARTES • ORDEM DOS MÚSICOS DO BRASIL • CONSERVATÓRIO BRASILEIRO DE MÚSICA